JN411424

참새님의 학문과 인생

참새님의 학문과 인생

초판1쇄 발행 | 2011년 6월 17일

지은이 최길성 펴낸이 홍기원

총괄 홍종화
디자인 정춘경 · 하은실
편집 오경희 · 조정화 · 오성현 · 신나래 · 정고은
관리 박정대 · 최기엽

펴낸곳 민속원 출판등록 제18-1호
주소 서울 마포구 대흥동 337-25
전화 02) 804-3320, 805-3320, 806-3320(代)
팩스 02) 802-3346
이메일 minsok1@chollian.net 홈페이지 www.minsokwon.com

ISBN 978-89-285-0119-9 03810

참새님의 학문과 인생

최길성

민 속 원

살면서 쓰면서 ●

얼마 전 내게 찾아온 출판사 사장과의 대화중에 그가 문득 자전적 수필집을 내 보면 어떤가라는 제안이 있었다. 나의 수필적인 재능을 보아서 한 말이 아닐 것이다. 대화의 맥락으로 보아서 나에 대한 여러 사람들의 뒷말이 많으니, 자기변명 또는 해명식으로 자유롭게 써 보라는 권유일 것이다.

이 수필집은 그런 변명을 늘어놓은 것이 아니다. 그저 생활 속에서 느끼고 생각한 것을 그대로 옮긴 것에 불과하다. 그것이 나의 변명일 것이다. 나는 경기도 양주 시골에서 태어나 어린 시절을 보내고 서울로 전학하여 대학까지 졸업하였다. 그리고 직장을 가지고 난 후, 나는 일본 유학을 하였고 한국과 일본에서 거의 20년씩 대학에서 근무하면서 연구 생활을 계속하고 있다.

그간 일본정부의 지원을 받아 세계의 여러 곳을 현지조사 하였다. 많은 보고서를 이미 출간하였다. 그런 것은 거의 사실을 그대로 적은 것에 불과하다. 나의 개인적 생각이나 사고를 적은 것은 아니다.

이 책에서는 사실보다는 생각과 느낌을 우선하여 쓴 것이다. 이 책이 나오게 해 준 민속원 홍종화 사장을 비롯하여 여러 식구들에게 감사한다.

2011년 6월 17일

일본 시모노세키에서

차례

들어가는 말

1

들어가는 말

시작하면서 | 나는 1960년대부터 일기를 계속 쓰고 있다. 일부를 분실하였는데 어떤 이가 내가 일본에 유학한 시기의 일기가 헌 책방에서 돌고 있다고 하여 놀랐다. 언제나 마음에 걸린다. 그럼에도 불구하고 계속 일기를 쓰는 것은 무엇일까. 일기는 아주 개인적인 것이지만 숨겨야 할 큰 비밀은 아니다. 단지 여러 사람에게 알리고 싶지 않기 때문에 다른 사람에게 읽혀지는 것은 싫다. 대책이 필요하다. 언젠가 태워 없앨 것이다.

최근에는 일기쓰기와 더불어 블로그도 운영한다. 일기와 블로그는 이중 부담이 있지만 이중의 즐거움도 있다. 일기는 자신이 주인공이며, 자신의 역사이다. 아마 살아있다는 존재감을 느끼기 위해서가 아닐까. 자기의 과거를 아는 증거이다. 어떤 때는 일주일 전의 날씨도 기억하기 어려운 때가 있다. 내버린 신문을 뒤져 알아내기도 한다.

십 수 년 전 나는 혼자의 힘으로 홈페이지를 만들었다. 처음에는 인터넷에 바친 시간이 너무나 길었다. 모처럼 만든 홈페이지를 갱신하려다가 망친 적이 있다. 업자에게 연락할까라고 몇 번이나 생각했지만 자신의 힘으로 성공시키려고 도전했다. 크게 혼란하고, 당황하고, 초조해 하면서 완성시켰을 때는 너무나도 기뻤다. 아마 그런 기쁨 때문에도 지속할 것이다. 자신의 개성을 살려 디자인이나 내용 등을 스스로 만드는 것도 좋고, 컴퓨터와 싸우는 게임 감각으로 완성하는 재미가 더욱 컸다. 지금 컴퓨터는 나의 가장 좋은 친구이다.

고령자가 많은 집단에서는 컴퓨터가 의미 없는 것 같다. 고령자가 육체적으로는 젊은이에게 양보해도 컴퓨터를 하지 않는 이유는 무엇일까. 우선 시간의 여유가 젊은이보다 많고, 단지 누르는 것만으로 세계가 펼쳐지는데 고령자가 이를 피하는 이유는 무엇일까. 그저 관심이 없기 때문일 것이다.

내가 컴퓨터에 재미를 가질 수 있었던 것은 나의 오랜 과거로

백두산 등정

부터 시작된다. 1964년 공립상업고교에 교원으로 부임하여, 국어 이외에 영어와 타이프라이터 교습을 담당했던 어려운 경험이 토대가 되었던 것 같다. 영어(독해) 과목의 수업은 그런대로 진행하였지만, 가끔 미군 캠프에서 방문해 오는 미군 장교와의 통역은 영어 교사가 담당해야만 하는 어려운 처지이었다. 결국 그 미군에게 회화를 배우기 시작하였다. 그리고 타이프라이터 교본의 글자판을 암기하여 수업을 진행했다. 아주 힘든 매일이었다. 그 후 영어 타이프라이터에서 한글 타이프라이터로, 타이프라이터에서 컴퓨터로 기종이 바뀌면서 지금에 이른 것이다. 당시는 어려웠으나 지금 생각하면 좋은 경험이었다. 지금의 내가 젊은 세대 못지않게 컴퓨터를 잘 이용할 수 있는 것은 당시에 익힌 것 때문이다.

나의 홈페이지(블로그) 메뉴에는 "부부가 쓰는 에세이"라는 코너가 있다. 연재를 한지 10년이나 된다. 그 중에서 발췌하여 두 권의 수필집을 일본어로 펴냈다. 하나는 『시모노세키를 산다』이고, 또 다른 하나는 『한·일을 산다』이다. 여기서 "산다"라는 말은 "사랑한다", "즐긴다"라는 뜻이다. 시모노세키에서 산 지 얼마 안 된 우리 부부가 "시모노세키를 사랑한다"고 하면 토박이들이 웃을지 모른다. 나에게는 시모노세키가 별

고희 기념연에서 기념품과 화환을 받음

로 낯설지 않고 또 아시아 특히, 한국으로 열린 국제적인 항구 도시라는 점에서 정감이 간다.

"부부가 쓰는 수필"에 "부부"라는 것에 의아해 하는 사람도 있다. 매일 아침 내가 빨리, 거칠게 쓴 문장을 아내가 읽고 자기 의견을 가하기도 하고 손질을 하여 투고한 합작이라 할 수 있다. 아내의 손질을 통해서 나의 초고는 좀 더 부드러워지고 윤색된다. 때로는 나의 글이 "검열"되는 것 같은 느낌이 없지 않지만 두 사람, 즉 부부의 의견이라는 점에서 동의하게 된다. 부부의 의견을 나누고 절충하는 좋은 기회이며 또 하나의 매개라고도 생각한다.

부부의 날이 있다. 한국은 5월 21일이고 일본은 11월 22일이라고 한다. 그러나 나는 매일매일이 "부부의 날"이다.

여성적이다 | 나는 나의 인생과 학문을 말하고자 한다. 나의 인생이란 어떤 것일까? 나는 결코 자기 자신을 비극의 주인공이나 귀공자처럼 말하려 하지 않는다. 그저 수수하게 말하고 싶다. 이 책에서는 나의 명암을 솔직히 적고자 한다. 나는 다리미질·바느질·음식 그리고 꽃꽂이 등 여성적인 일을 좋아한다. 그 대부분 이유는 어머니와 어린 시절을 보낸 것에서도 기인하지만 많은 부분은 한국전쟁 이후 누나가 세탁소를 개업하여 나도 도우면서 자연스럽게 배웠기 때문이다. 이런 나의 여성적인 점을 내색할 수 없었다. 그런데 세월이 지나고 일본에 살면서 나의 여성적인 요소는 가끔 "멋있는 사람"이란 소리를 듣게 되었다. 나에게는 여성적인 면과 남성적인 면, 두 측면이 있을 것이다. 또 비극적

일 때와 희극적일 때도 있다. 지금 어느 시점에 서 있는 것일까? 그리고 어느 시점에서 죽는가가 희극과 비극을 정할 뿐이다.

나는 이십 대에 세계적으로 유명한 루소와 톨스토이의 『고백』을 읽었다. 그 때의 감동을 지금도 잊지 못한다. 자기 자신의 프라이버시나 약점, 실패를 정직하게 쓴다는 것은 대단히 용기와 정직함이 필요하다. 프라이버시는 비밀이 아니고, 알리고 싶지 않은 것뿐이다. 즉 말하고 싶지 않고, 또 듣고 싶지 않은 것이다.

독서가 취미라고 하는 사람이 많다. 나처럼 책을 읽는 것이 일이기도 한 사람으로서는 독서는 어떤 의미에서 고생이기도 한다. 어떻게 읽을 것인가. 독서를 한다고 해도 충분히 이해하지 않고 단지 문자를 보고 넘어 가는 것이 아닐까. 전자사전이나 인터넷 등으로 백과사전도 쉽게 읽을 수 있다. 문자로 읽는 것만이 아니고 마음으로 읽는 것이 지금 우리에게 필요하다. 현대인들은 점점 깊고 폭넓게 보고 읽지만, 깊게 생각하고 폭넓게 이해하는 자기만의 시간을 잃어버린 것 같다.

한국의 국립국악원으로부터 내가 기증한 무속자료에 콜렉션 이름을 붙이고자 나의 호를 물어 왔다. 즉 "호"를 붙여 콜렉션 명칭을 정하려는 것이었다. 나는 "호"가 없다. 나는 "최길성콜렉션"으로 족하다고 하였다. 일반적으로 어느 정도 세상에 알려진 사람이라면 예명처럼 "호"를 만들어 본래의 이름 앞에 붙여서 사용하고

아내가 대만 길성 식당에서 메뉴판을 들고 있다.

있다. 그것은 윗사람의 이름을 부르는 것에 터부(taboo, 禁忌)시 하는 네임터부(name-taboo)가 있기 때문이다.

나는 문학에 심취했던 소년 시기에 고향의 지명을 따서 "운암雲岩"이라는 호를 지었지만 그 후 버렸다. 원래 호적의 이름은 "을성乙成"이었다. 국민학교 동창들은 지금도 을성으로 기억하고 있을 것이다. "길성"이라고 집에서 부르던 이름이 호적으로는 "을성"으로 되어 있다는 것에 대해 나의 어머니는 출생신고를 하러 가던 사람이 이름을 잊어버리고 사촌 형의 돌림 이름이 갑甲성이었으니 을乙성으로 한 것 같다는 설명이다. 한국전쟁으로 호적이 소실되고, 스스로 호적을 만들 때 나는 "吉城"이라고 신고했다. 그러므로 "호"와 같은 것이다. 그래서 애착이 강하다. 당시 박화성朴花城의 문학작품들을 좋아하여 그의 이름을 본 따서 지은 것이다.

나는 참새 | 우리 집 근처에는 참새와 까마귀 등 새들이 많다. 산길을 걷다보면 모이 쪼기에 바쁘던 작은 참새 무리가 달리는 차 앞에서 혼비백산하며 날아간다. 아마 어미 새 곁에서 막 나온 모양이다. 참새는 야생의 새이면서도 아주 집 가까이에서 늘 보는 가금(家禽, fowl)에 가까운 들새이다. 참새는 건망증이 많은 모양이다. 가벼운 실수나 기억을 잘하지 못할 때 종종 "참새고기를 먹었느냐"고 말한다. 아주 완전히 잊어버리면 까마귀고기를 먹은 것으로 표현한다.

그런데 나의 성씨姓氏 글자 최崔가 일본에서는 잘 사용되지 않는 한자라 뜻밖에 비슷한 글자 "작雀(참새)"으로 읽힐 때가 있다. 지금도 가끔 우편물에는 "스즈메상雀様(참새님)"이 될 때가 있다. 최崔는 뫼산(山)변이고, 작雀은 작을소(少)변이다. 아주 대조적일 뿐만 아니라 큰 산을 작은 것으로 부르는 것은 매우 실례되는 것이며, 오인의 원인이 된다.

그러나 재미있는 일화도 있다. 이전 중부대학中部大學에 재직할 때의 이야기이다. 대만 출신의 왕王교수와 고토 열도五島列島에 조사 갔을 때이다. 여관 입구에 환영의 입간판과 식탁 위에 王様과 雀様 즉, "임금님"과 "참새님"을 환영한다는 것처럼 적혀 있었다. 무슨 동화에 나오는 임금님과 참새의 이야기로 여겨지는 익살스러운 것이었다.

나는 아침에 참새를 자주 만난다. 마치 "참새(雀)님과 최(崔)님의 대결"과도 같은 순간이다. 나도 참새를 주시하면서 이 작은 새에게도 뇌가 있고, 심장으로부터 혈액이 흐르고, 신경이 작용하고, 지혜롭게 훌륭하게 살아 있다고 생각하면 돌연 이 작은 새에게 "참새님"이라고 부르고 싶어진다. 내가 참새님이 된 것 또한 감사하다. 재일동포들이 일본식으로 이름을 사용하지만 나는 참새가 된다하더라도 이름을 고집할 것이다.

나는 기류자 | 나는 재일동포에게 희망을 주는 말을 하고 싶다. 재일동포에 있어서 일본은 기류의 땅이지만, 일본인에게도 기류의 땅이다. 누구나 살 권리가 있는 땅이다. 재일동포 지도자 이인하 목사는 재일동포를 "기류자寄留者"라고 정의하고, 또 인간은 이 세상 누구나 기류자라는 것을 인식해야 한다고 성서에 근거

해서 역설했다. 일본은 일본인만의 땅이 아니다. 근본적으로는 일본인도 재일동포도 "기류자"에 불과하다.

"재일한국인", "재일조선인은 …"이라는 재일동포의 내용은 매우 복잡하다. 세대별 · 국적(귀화) · 정치 · 사회활동(민단 · 조총련 · 한통연 · 귀화인의 모임 · 새로운 한인회 · 청년단체)단체 등은 복잡하게 분화된 카테고리가 있다. 일본인의 눈으로 보면 알기 어려운 "이질적인 존재"일 뿐이다. 그런데 일본인들은 보이지 않는 민족을 일부러 찾아서 차별하는 사람도 있다.

전통적으로는 약자 · 장애인 · 여성 · 어린이 등을 차별하는 의식구조가 강하다. 즉 인도의 카스트나 중국의 신분제도 · 한국의 "팔천八賤" · 미국의 흑인차별 등, 보편적이라고도 할 수 있다. 차별이 사라지기 어려운 점은 그것이 절대 악이 아니고 차이에 의한 능력주의, 이른바 격차 사회에의 긍정적인 점도 있기 때문이다. 차별은 일방적인 것만은 아니다. 재일동포 중에는 스스로 시마자키도손島崎藤村의 명작소설 『파계』의 주인공인 우시마츠와 같이 피해 망상적인 사람도 많다. 또 차별을 방패로 삶는 태도를 취하는 사람도 있다.

도래인 | 교토조형예술대학에서 국제심포지엄의 패널리스트로 초청을 받아서 기쁘다. 거기에 나의 카테고리가 일본인과 구별되어 나는 "도래인渡來人"이라 되어 있다. 주최 측이 생각한 끝에 그렇게 되었을 것이라고 생각한다. 한국인이라고 한반도(朝鮮半島) 전체를 의미하는 것이 아니기 때문이며, 귀화인이란 것도 차별

용어에 가까워서 이렇게 된 것 같다. 궁색한 끝에 "도래인"이라 한 것이 아닐까? 자연 인류학자에게 도래인의 평균 신장을 물으니 죠몬인繩文人보다 야요이인彌生人, 즉 조선반도에서 온 "도래인"의 평균 신장이 10센티 더 크다고 한다.

그러나 나는 그렇게 키가 크지 않다. 그런 이야기를 하고 있을 때, 마침 한국 유학생 남녀 몇 명이 방문해 왔다. 키가 크고 인물이 출중하여 정말 도래인들로 연구실이 충만한 분위기이었다. 재일동포 한국인에는 민단 · 조총련 · 올드카머와 뉴카머(newcomer) · 도래인 · 귀화인 등 여러 부류가 있다. 나는 뉴카머라고 하는데, 그것과 도래인을 합쳐서 "신도래인"으로 하면 어떨까?

시모노세키에 살면서

2

시모노세키에 살면서

문주란 | 내가 사는 시모노세키는 한국과 가까운 일본의 항구도시이다. 시모노세키下關조약으로 유명한 곳이다. 부산釜山을 왕래하는 정기 여객선이 백년의 역사를 가지고 있다. 한국인들은 시모노세키에 관광으로 오는 사람은 그리 많지 않다. 시모노세키항에 도착한 많은 단체관광객들은 대기하고 있는 버스를 타고 규슈九州지방으로 간다. 규슈지방으로 가기 쉬운 모지코門司港에도 부산을 왕래하는 페리가 새로 생겼다. 우리 집에서 바다 건너편인 모지코에서 부산을 왕래하는 페리가 취항한 것이다. 우리 집 창문에서 한국을 왕래하는 두 개의 페리를 볼 수 있다.

시모노세키는 일본의 서남쪽에 위치하여 평균 기온의 차가 적다. 그래서 이곳에는 문주란(일본어로는 하마유)이 많이 자생한다. 문주란은 시모노세키시의 꽃이기도 하다. 이 꽃은 최저기온이 영하 3.5도 이하로 내려가지 않고, 평균 15도 이상의 따뜻한 지역의 해안에 자생하고 있는 항상 푸르른 다년생 식물이다. 이 꽃이 제주도의 천연 기념물 19호로서 지정된 것으로 보아 아마 제주도와 시모노세키는 비슷한 기후 풍토라고 생각된다.

우리집 창문에서 본 해뜨는 장면

인류학박물관 | 시모노세키는 한국과 가까운 것은 말할 것도 없고 한민족이 일본으로 첫발을 디딘 곳이다. 이 곳 북쪽 해변가에는 야요이彌生유적과 인류학박물관에서는 그 역사를 볼 수 있다. 야요이시대란 한반도 등에서 일본으로 벼농사를 전래한 시기를 말한다. 이 인류학박물관 전시 및 유적 등으로 보아서는 조개를 먹는 해양 문화가 현저하여 벼농사와는 좀 거리를 느끼게 한다. 그런데 특히 나의 시선을 끈 것은 여성과 어린아이의 합장의 유골이었다. 여성의 다리, 가랑이 사이에 어린아이가 매장되어 있고, 여인의 다리가 잘려진 것을 보았다. 해산으로 죽은 여인에게서 악령이 나온다고 두려워하여 매장한 것으로 보인다. 이점은 한반도와 공통된 문화이다. 즉 출산 때 사망한 사체, 즉 "해산귀"에서는 악령이 나온다고 하여 거꾸로 묻는 풍습과 결부되는 것이 아닐까. 한반도의 사생관과 이곳의 매장법이 유사하다는 것을 확인했다.

불꽃놀이 | 우리부부가 살고 있는 맨션은 바닷가에 있다. 우리맨션의 이름이 로마자의 영어와 프랑스어의 네 개의 합성어인 이름이다. 기억하기 힘들고 부르기도 어려운 긴 이름이다. 맨션은 지은 지 4~5년이나 지났는데도 아직 가까운 택시 운전사도 이름을 모를 지경이다. 맨션 옆에 작은 찻집이 보다 유명해서 그 옆이라고 하는 것이 오히려 찾기 쉽다. 일본에서는 대형 맨션에도 큰 간판은 잘 걸지 않는다. 회사도 그렇다. 건물의 미화와 선전을 피하려는 "일본적인문화"라고 하여도 좋을 것이다.

바다가 내려다보이고 마치 산 정상에서 사는 것 같다. 무더위에도 지내기 좋은 생활환경이다. 갈매기나 매 등, 여러 새들의 등을 내려다 볼 수 있고, 차들과 낚시꾼이 장난감처럼 내려다보인다. 모지코와 시모노세키의 두 항구의 야경도 아름답다. 매년 여름 하늘을 수놓듯 장식하는 감동의 불꽃놀이도 볼 수 있는 전망이다. 양쪽 항구에서 축하하는 1만 3천 발의 불꽃을 동시에 쏘아 올려 멋진 광경이 바다를 끼고 연발된다. 우리 집 베란다에서는 불꽃이 쏘아 올려질 때마다 사람들의 탄성이 오른다. 죽어서 하늘에 올라 하느님 곁에서 이 아름다운 야경을 즐길 수 있을까.

불꽃놀이는 아래서 우러러 보는 것이 더 감동이 크다. 즉 위에서 내려다보는 불꽃놀이보다 밑에서 위로 쳐다보는 것이 감동이 더 크다. 인간관계도 그렇다. 잘난 사람으로 위에서 내려다보는 것보다 아래서 남을 존경하거나, 신을 우러러 보는 것이 감동이 크다는 것을 의미할 것이다.

산보 | 나는 가끔 산보할 때 망토를 걸치고 걷는다. 아내와 영국에 갔을 때, 상당히 고가인 청색의 망토를 선물로 사 주었지만 장롱 속에 넣어 두고 사용하지 않아 내가 실내에서나 산보할 때 망토를 애용하게 되었다. 이 별다른 나의 모습을 본 어떤 중년 여성은 "멋있네요"라고 했다. 아침 산보 길에서 자주 골목 안으로 들어가고, 거기서 뒷길로 돌고, 원래의 길로 되돌아오고는 했다. 집집마다 꽃 · 정원 · 현관 · 커튼 등의 무늬라든가 그 집의 모양에서 이곳 사람들의 개성이 느껴진다. 단독주택이 즐비한 곳에서 사람들과 만나는 것이 이곳에서 사는 또 다른 재미이다. 어떤

집에서는 바깥 툇마루에 분재와 꽃을 마치 꽃집처럼 꾸미고 있다. 또 어떤 집에서는 애견들이 짖는다.

아내가 데리고 걷는 미미도 다른 개와 자연스레 만난다. 우리 집 강아지 미미는 산보할 때마다 사람들의 사랑을 받고자 사람들 앞으로 달려간다. 누가 자기를 좋아 할까 항상 사람을 찾는다. 전혀 모르는 사람에게도 꼬리를 흔들면서 다가가거나 가만히 상대 쪽을 응시한다. 그리고 사람들이 어루만져 주면 누어서 배를 보인다. 전신으로 상대를 신뢰한다는 뜻이다. 미미는 귀여움이나 사랑 받는 것이 당연한 것으로 여긴다. 미미에게서 배울 점이 많다. 개들끼리의 교제도 사람들의 연결고리가 된

애견미미

다. 개를 동반한 사람들은 쉽게 만나서 이야기한다. 그들은 처음 만나는 사람에게도 말을 건넨다. 도시의 생활이 고독하다고 하지만 막다른 골목이나 구부러진 산보 길에는 이웃사람들과 함께 나누는 즐거움도 발견한다.

사랑의 미로 | 마을길을 돌다가 길을 잃었다. 완전히 모르는 뒷길에 들어가 버린 것이다. 거기에는 화려한 술집의 도매상이나 클리닉 등이 있다. 언덕길 위에는 주택이 즐비하고 사람들이 생기가 있어 보였다. 도로가에 셔터가 내려진 상가와는 대조적으로 활기마저 느꼈다. 길을 잃고 헤매다가 새로운 것을 발견한다. 사랑의 미로, 길을 잃는 것도 나쁘지 않다. 새로운 발견이 있기 때문이다. 자기의 앞길을 잃을 정도로 충실할 필요가 있다. 가이쿄 유메 타워Kaikyo Yume Tower에 올라 시내를 내려다보았다. 내가 어디에 있는가를 훤히 알 수 있다. 훌륭한 교회처럼 보이는 건물이 눈에 들어왔다. 그러나 그것은 교회가 아니고 혼례식장이다. 한국인이 이런 건물을 본다면 교회로 착각하기 쉽다. 나도 처음에 교회로 알고 찾아갔다가 사무원이 정중하게 마중을 하면서 결혼식장 손님으로 여기고 말을 건네 오는 데에 놀란 적이 있다.

우리 집 애견 | 우리 집 애견 미미는 만 한살이 넘어 벌써 반항기가 되고 있는 것 같다. 가끔 나는 미미를 혼 내 준다. 그래서인지 나에게는 거리감을 갖는다. 아내는 미미의 어리광을 전면

적으로 받아주기 때문에 완전히 신뢰한다. 나는 품어도 주고 미미가 좋아하는 마가린을 주면서 화해를 기도한다. 마가린은 나의 기호품이기도 하다. 나는 버터나 치즈 등 유제품을 좋아하지 않지만 예외적으로 마가린을 좋아한다. 아마 한국전쟁 때 미군 부대에서 흘러나온 마가린으로 만든 비빔밥 맛에서 온 것 같다. 곤궁한 시대의 역사가 아직도 내 입맛에 살아 있는 것 같다.

미미의 반항과 때때로 대결한다. 나와 개와의 싸움이며 서로 자신의 자아를 확립하기 위한 수단으로 필요한 것이다. 개는 순종적인 동물이지만 반항기가 있다. 그것이 매력이기도 하다. 사람도 고분고분한 것만으로는 매력이 없다. 그런 국민으로는 민주주의를 할 수 없다. 경우에 있어서는 저항도 하는 국민이 되어야 할 것이다.

영국 신사가 된 한국 똥개 | 영국의 셰필드대학의 그레이슨 교수에게서 애견의 비보가 날아왔다. 미국인 목사이며, 종교인류학자이기도 한 그가 한국에서 나와 같은 교회에 출석하고, 계명대학교 동료이었다. 나중에 그는 영국으로 옮겼다. 그 부부는 한국에서 영국으로 갈 때 두 아이를 입양하고 개와 고양이도 데리고 갔었다. 그 개의 이름은 반디타이다. 그 개는 내가 보기에는 한국의 토종개로서 보신용의 똥개이다.

몇 년 전 우리부부가 영국으로 방문했을 때 두 아이와 개는 영국의 젠틀맨이 되어 있었다. 그 개도 영국식 교육에 의해 젠틀맨이 된 것을 보고 감동했다. 개의 안부를 묻자, Sadly, Bandita died a few years ago at the age of 171/2!(17세 반이나 살고 죽었다고 한다).

영국 쉐필드의 그레이손목사댁에서 내외분과 함께

남자의 양산 | 나는 더운 여름에 양산을 바치고 다닌다. 모자를 쓰기 싫어하는 나로서의 궁여지책이다. 남자가 양산을 쓰는 것은 좀 부끄럽고 용기가 필요하다. 그런데 얼마 전에 남성용 양산이 상품화되어 선전되어 다행이라고 여기지만 아직 많은 남자들이 이용하지 않는다. 여성 중에 남장하는 사람도 많고, 또 남자가 여장을 하여 인기 있는 탤런트도 상당히 있으나, 내가 양산을 바치는 것은 여장과는 다르다. 중성적인 또는 유니섹스에 가까운 것이다. 마치 성별을 초월한 것 같은 것이다. 나이가 들면서 여성을 여자로서 보는 것이 아니고, 인간 그대로 바로 보게 된 것을 의미하는 것은 아닐까.

보따리 장사 | 부관釜關여객선을 이용하여 한국과 일본의 국경을 끼고 보따리 장사를 하는 사람들도 있다. 주로 면세품인 술이나 담배가 주된 상품이다. 한국에서는 김 등을, 일본에서는 참기름 등을 가져가 판다. 면세품은 한사람 당 수량이 한정되어 있으므로 다른 손님들에게 부탁해서 세관을 통과시키는 것이 상례이다. 나도 부탁받고서 거절할 수 없어 해 준 적이 있다. 선원의 말로는 세관원도 시모노세키의 경제에 도움이 되므로 강하게 규제는 하고 있지 않다는 것이다. 배를 탈 때마다 국경 지역에 산다는 실감이 난다.

군과 선생 | 시모노세키에 살면서 우리 집을 왕래하는 사람이 많아졌다. 지난번 부산을 향하는 배 안에서 어떤 청년이 말을 걸어왔다. 그는 경남대학교에서 나에게 배운 적이 있다고 자기를 소개했다. 그 말 하나로 나는 마음이 동하고, 이야기는 1970년대 한국의 마산시절로 거슬러 올라갔다.

그 후 얼마 안돼서 울산대학교의 노성환 교수로부터 전화가 걸려왔다. "노魯군입니다"라고 하였다. 그는 1970년대에 내가 졸업논문을 지도했던 계명대학교 졸업생, 일본에 유학해서 박사를 받고, 교수로서 학회나 연구회 등에서 대활약하고 있다.

일본에서는 국회國會 등에서 "군"이 공식 칭호로 사용되고 있다. 특히 사제 간의 관계에는 "군君과 선생先生"의 특별한 관계로 불린다. 이러한 나와 제자의 관계는 나와 은사와의 관계에 있었던 사랑과 존경이 계승됐다고 할 수 있다.

혼합가족 | 귀가하는 길에 우연히 재일동포 한 사람을 만났다. 그는 나의 블로그의 애독자이며, 이전 나의 강연에도 출석한 적이 있다고 한다. 끌려가듯 돌발적으로 그의 집을 방문하게 되었다. 갑작스런 방문인데도 그의 일본인 아내가 반갑게 맞아주었다. 꽃꽂이로 장식하였고, 전망도 좋은 맨션이다. 그의 부인과 며느리는 일본인이라고 하는 한일의 혼합 가족이다. 거기에 나도 아내를 불러 단번에 한일 혼합가족들의 모임처럼 되었다. 그는 일본인의 차별과 조선 민족의 우수성을 화제로 삼았으나 그의 민족의식에 대해서 부인들은 아무런 반응이 없었다.

역 앞의 커피숍에 들렀다. 그 구석에 어디에선가 만난 기억이 있는 것 같은 정장을 한 사람이 있다. 나는 몇 번이나 그에게 시선을 보냈으나 아무런 반응이 없다. 마음에 걸려 확인하려는 듯 말을 걸었다. 역시 아는 사람이었다. 그는 식민지 조선에서 태어나 귀환한 사람이며, 이전 나의 집에 다른 여러 사람들과 함께 초대된 적도 있었으므로 그는 나를 기억하고 있었다. 종전終戰 때 큰 재산을 한국에 남기고 와서 고생했다고 하는데, 그 어두운 표정이 바로 그것을 의미하는 것 같았다. 그는 개인의 능력이나 운명을 넘어서 시대가 자신의 인생을 망치게 했다는 말을 자주 하였다.

왜간장 | 일본에서 한국의 음식이 유행하고 있는 반면 한국에서도 일본 요리의 인기가 상승하고 있다. 그러나 거의 외식外食문화일 뿐이고, 일상 식食으로서 식탁에 오르는 것은 아니다. 일본에서는 불고기나 김치 · 김 등이 일상적으로 식탁에 오르고 있

다. 그런데 한국에서는 일본 식품이 일상 식탁에 오르는 것은 다쿠완(단무지) 정도이다. 이렇게 보면 일본 음식이 한국에서는 정착하기 어렵다고 할 수 있다. 다만 간장·와사비·아지노모토 등 일부의 기초적인 양념의 맛이 일본화되어 있을 뿐이다.

해방 전 한국 전라남도全羅南道 여수麗水에서 태어나서 자란 시모노세끼下關의 가와사키河崎威씨는 아버지가 그곳에서 간장 공장을 운영하였다고 한다. 현재 왜(일본)간장이 한국화된 것은 "식민지의 것"이라고 하면 지나칠까. 일본의 깃코만 간장은 지금 국제적으로 인정받고 있다. 맛의 힘에 놀라지 않을 수 없다.

청소업 | 여기 시모노세키에 살고 있는 친구 중에 청소 업을 하는 재일동포가 있다. 재일동포 중에는 예전부터 고물상을 하던 사람들이 많다. 내가 일본에 유학했을 때 신세를 진 사람도 고물상을 하였다. 리어카에 낡은 신문·골판지·낡은 고철 등을 모으는 일을 하고 있었는데, 그것을 청소업·위생업으로 하나의 기업으로 발전시킨 사람도 있다. 도시화에 따라 쓰레기 처리가 환경문제·재활용·재생산 등으로 사회적으로도 주목받는 직업이 되었다. 그들은 그것을 기초로 해서 빠징코·자동차 중고품 등의 기업으로 크게 성공했다. 오물처리·하수·토목·빠징코 등 큰 기업을 일으키고, 최근 병원도 경영하고 있는 사람도 있다.

어느 날 버스를 타기 위하여 기다리고 있는데 대형의 청소차가 내 앞에 멈췄다. 나는 그의 조수석에 탔다. 그 차로 출근한 것이다. 그 친구에게 우리 집 쓰레기를 부탁했다. 사실은 친구에게 우리 집의 조대쓰레기(텔레비전 · 냉장고 · 세탁기 · 자동차 따위와 같은 내구耐久소비재의 폐물)를 부탁할 때까지는 상당히 망설였다. 일본인은 한국인에 비해 직업차별이 적지만 나는 그 친구에게 쓰레기 처리를 부탁하는 것이 왠지 마음에 걸렸다. 그러나 그는 아무 의식 없이 덤덤히 처리하여 주었다. 그는 나에게 대학을 정년한 뒤에 쓰레기 처리 일을 같이 하자고도 말했다. 나는 퇴직해서 할 수 있다면 나에게는 화려한 이력이 될 것이라고 좋아하는 표정을 지었다. 나는 직업 차별관에서 완전히 벗어났다고 생각하지만 그래도 남아 있다면 그야말로 "청소"하지 않으면 안 된다.

친구가 되는 조건 | 삼총사처럼 자주 만나서 담화하는 두 사람의 친구가 있다. 친구와 함께 있는 시간은 평안하고 즐거운 시간이며, 달리 규제나 형식도 없다. 그런데 그 중의 한사람이 여기를 떠나 한국으로 귀국하게 되었다. 송별회를 하게 되었는데 다른 한 재일동포 친구는 시간이 없다고 전혀 관심을 보이지 않았다. 나는 몹시 실망했다. 그는 재일동포 교회의 장로로서 커피 잔을 앞에서 놓고도 길게, 애절하게 사랑의 기도를 한 그의 인간관계는 어찌 된 것일까. 나는 지금도 그의 결석을 매우 유감스럽게 생각하고 있다. 송별회는 다른 사람들의 주선으로 성황리盛況裏에 치러졌다.

친구란 무엇인가 곰곰이 생각했다. 한가하면 만나는 것만으로는 안 된다고 생각한다. "친구가 되는 조건"이 있는 것 같다. 친구가 되는 데에도 엄격한 붕우유신朋友有信의 윤리가 있다. 그것은 단절이나 배반하지 않는 것이다. 즉 사랑의 규칙이라고 말할 수 있을 지도 모른다. 친구가 되는 것은 안이한 것이 아니다. 하루의 일의 손해를 볼망정 참석하여야 할 의무가 있다. 그래서 친구가 되는 것이 간단하지 않다는 것이다. 그 후 나는 자연적으로 그와도 거리가 멀어진 감이 있다. 나도 회의에 여러 번 결석한 적이 있지만, 왜 그에 대해서는 그다지 거리끼거나 얽매이는 것일까?

조선학교의 "조선어" | 시모노세키에 있는 조선학교의 수업을 참관했다. 한 학년에 학생이 한 명밖에 없는 반도 있다. 학교 전체의 학생 수가 사십 몇 명이라고 한다. 출생률 감소에 가加해서, 거기에 재일동포학교를 그만두는 경향이 크기 때문에 소인수의 학교가 된 것이다. 소학 일학년생의 "국어(조선어)"의 교실에는 남녀 두 학생에게 여성 교사가 훌륭한 수업을 하고 있었다. 내가 담당하고 있는 한국어의 클래스의 수준보다 높고, 교사의 발음도 정확하다. 여러 도구의 이용 등도 좋았다.

그러나 국어 외의 다른 교실에서 사용되고 있는 수업 용어로서의 "조선어"는 문제가 있다. 교사들의 조선어는 한반도의 남북이나 다른 해외의 조선 민족의 조선어와는 통하기 어려운 "재일동포 조선어"이며 이해하기 어려운, 혹은 이해가 가지 않는 것이 많았다. 빨리, 본국인(원어민) 교사의 협력을 받아들이는 것이 필요하다. 그러나 그들은 주체사상이라고 할까 자기 식대로 산다고 외치고 있기 때문에 그렇게 하지 않는다. "조선어"를 지킨다는 그들의 교육목표와는 거리가 먼 교육을 하고 있다.

버스에서 | 버스를 타기 위해서는 끈기가 필요하다. 버스를 기다리는 것은 왠지 초조하다. 버스가 으레 늦을 것을 예상하고 조금 늦게 나갔을 때는, 정각이나 아니면 보다 빨리 통과하는 경우도 있다. 그 때는 정말로 화가 난다. 어제도 상당히 정시보다 늦은 버스를 탔지만, 교차점의 도로공사로 인해서 아주 오래 동안 차내에서 기다렸다. 늦게 도착한 버스 운전사가 서두르고 있었다. 그런데 그 버스가 정류장을 약간 지난 지점에서 도중에 멈추었다. 그리고 운전사는 문을 열고, 모자를 벗어 핸들 위에 얹고 내려 달려갔다. 흰 지팡이를 짚고 있는 맹인의 손을 잡고 말을 걸었다. 그 맹인 여성은 다른 사람을 기다리고 있었던 것 같아, 운전사는 되돌아왔다. 늦게 도착한 버스였지만 그 운전사의 따뜻한 마음에 감동했다. 나의 화는 따뜻한 그의 선행으로 금세 누그러졌다.

버스에 남자 고교생들이 여러 명이 탄 다음 고령의 할머니가 오르지 못하고 있었다. 학생들은 그냥 보고만 있을 뿐이다. 그 때 차내의 오십대로 보이는 남성이 그 고령의 할머니를 부축하여 태워 의자에 앉혔지만 불안정하므로 그 옆에 앉아 돌보았다. 내릴 때는 운전기사의 도움으로 내리게 되었다. 운전기사는 그 할머니가 내려가는 것을 보고 "우리들 모두에게도 그런 때가 온다"라고 했다. 승객 모두, 특히 고교생들에게 좋은 교육의 현장이었다.

이발소의 발상지 | 버스에서 내려 귀가하다보면 길옆에 시모노세키下關가 "이발소의 발상지"라는 기념비를 보게 된다. 조선조 시대 한국에서 건너 온 것이라고 한다. 토아대학에는 일본 유일의

시모노세키 이발소 발상지

토탈뷰티학과가 있다. 이미용을 전공으로 하는 학과이다. 그리 알려지지 않았는데도 한국의 몇 몇 대학에서 협력과 교류의 제안이 들어왔다. 한국에는 4년제 대학에 이러한 이미용 학과가 이십여 대학에 설치되어 있다고 한다. 한국의 "국제뷰티학회"의 회장과 부회장 등 세 명이 방문해 왔다. 나도 참석하고, 국제대회를 열 준비를 했다. 연구발표・포스터 제작・전시회・심포지엄 등 한일 문화의 교류를 위한 좋은 회의였다. 나는 꽃꽂이로 연단을 장식하여 회의에 참석한 이들로부터 박수를 받았다.

한국어 웅변대회 | 매년 11월에는 시모노세키항에서 "생선축제", 우리 동포들이 많이 몰려 사는 그린몰 거리에서는 "리틀부산" 등의 이벤트가 행하여지고, 야마구치현山口縣 주최의 "한국어 웅변대회"도 열린다. 주민들이 한국에 대해 관심이 많아서인지 대회장은 수백 석이 만석이다. 한국어 학습의 동기는 소위 "한류" 붐, 주로 드라마로부터 출발한 사람이 많지만, 점차 관광여행・한국요리・한국의 배우나 탤런트를 좋아하고 한국어로 된 안

야마구치 웅변대회에서 수상자들과 함께

내책자 등 다양화하여 가는 것을 실감할 수 있다. 사물놀이 등의 어트랙션을 가미하여 한일 문화의 교류시간이었다. 이웃집에 오키나와沖縄가 고향인 의사가 살고 있는데 그 부인이 참가하여 내가 심사위원장으로 스피치를 하는 장면을 수 없이 사진기로 찍었다. 그녀의 남편은 고향에는 40년 동안 한 번도 가지 않았으나, 한국행 여권을 마련했다고 한다.

영화제 | 시모노세키 영화제를 개최하였다. 전날 20도 가까이까지 올라간 좋은 날씨가 비가 내리고 기온도 떨어져서 몇 군데 난로를 놓아도 추위를 느낀 사람이 있어서 마음이 아프다. 1일째는 내가 강연을 하고, 임권택 감독의 "축제"를 감상했다. 나는 먼저 장례식에 관한 영화, 타이틀이 "축제"가 된 까닭, 즉 고령자의 죽음을 "축祝"이라고 다루는 한국 문화 · 볼만한 장면 · 주시해

야 할 점 등에 대해서 설명을 하고나서 영화를 감상하였다. 끝난 후 영화에 대한 질의 시간도 가졌다.

시모노세키下關 출신의 동포 감독 구수현씨와 오랜만에 만났다. 그의 작품을 상영한 뒤, 그는 연단에 서서 자신을 다음과 같이 소개했다. 여러 차례 시험에 떨어지고, 전문학교에서 영상을 공부, 신인감독 시험에서 합격하고 영화감독인 된 과정을 알기 쉽게 이야기했다. CM(광고)에는 자본이 붙지만, 영화는 자본이 없다고 말하기 시작해서 CM · TV · 뮤직 · 영화의 세계에서의 활약이 얼마나 험한지 알았다. 그는 재일동포로서, 시모노세키下關에서 자란 힘으로 싸워서 신념대로 산다고 하였다. "300년 후에도 남을 작품에 도전한다"라고 하는 말에는 나도 크게 감동했다. 영원히 남는 창작에 도전하는 사람의 마음은 단순한 삶이 아니다. 종교가나 철학자와 같은 존재라고 느꼈다.

3일째, 마지막 날의 오후는 시민회관 대강당에서 행해졌다. 홈 텔레비전이나 컴퓨터 등으로 영화를 볼 때와는 달리 어두운 가운데, 휴대폰 등 모두 차단된 상황에서 집중하고, 대형 스크린과 음향에 의해 감상하는 이른바, 진공상태에서 감상하고, 생각하고, 감동하였다. 바쁜 현대인에 있어서 필요한 시간이기도 하다.

양주 읍내의 산대탈춤 연기자들과

타향살이

고향 | 일본 유학 | 교회가 여관인줄 아느냐 | 아르바이트 | 과로 | 좌절 | 사랑과 증오 | 긍정적인 태도 | 일본학술진흥회 외래연구자로 채택 | 유상희 장로와의 만남 | 나는 정직하다 | 불고기문화 조사 | 유학생들의 모임 | 일본어 | 자장면 | 자장면은 한국요리 | 찹쌀 | 음식문화가 변한다 | 참외 | 날 땅콩 | 김

3
타향살이

고향 | 어떤 사람이 "봉선화"의 비디오테잎을 보내주어 보았다. 재일동포 한국인들이 이미자의 "타향살이"를 몇 번이나 되풀이해서 불렀다. 며칠 뒤 평생 노래 부른 적이 없는 것 같은 음치의 내 입에서도 멜로디가 저절로 나왔다. 스스로도 불가사의라고 생각했다. 나는 그 영상에 감동했던 것 같다. 타향살이의 외로움이 내 마음 한 구석에 잠재하고 있고, 망향이 있기 때문일 것이다. 아무리 오래 살아도 일본은 타향인 모양이다.

누구나 젊어서는 청운의 꿈을 품고 고향을 떠나 입신출세하려고 한다. 그러나 그것은 언젠가는 다시 돌아갈 것을 전제한다. 나는 열 살 쯤에 야망을 품고 고향을 떠나 여기저기 떠돌면서 살아온 방랑의 인생이다. 무엇 때문에 고향이 그리울까? 고향 이외에서도 10년 가까이 산 곳도 있지만, 그 집의 구조 등도 거의 기억하고 있지 않다. 그러나 고향 집에 관해서는 뒷마당의 나무나 꽃까지 선명하게 기억하고 있다.

고향에 대한 그리움이 고향에의 복귀를 의미하는 것은 아니다. 잠시 들리기는 하여도 살고 싶은 마음은 없다. 그 만큼 자신은 이미 많이 변했기 때문이다. 나의 고향은 38선 밑이고 한국전쟁 때에 너무나 비참한 역사를 지니고 있다. 그 때의 기억은 지금은 옛날이야기처럼 말하지만 비참한 고생, 괴로운 체험은 도무지 잊혀지지 않는다.

일본 유학 | 고향을 떠난 것처럼 나는 일본으로 한국을 떠났다. 그것은 유학이라는 것이었다. 1972년 12월, 나의 일본 유학은 처음부터 무리이었다. 연구를 하고 싶은 기분과 외국으로 도피하고 싶은 마음이 급해서 독일 유학을 준비 중의 급전환이었다. 나에게 유학은 인생의 큰 전환기, 새로운 변화와 시작이었다. 즉 좋은 학습 연구 경험 등의 좋은 계기가 된 것은 말할 것도 없이 과거를 버리고 새로 태어나는 계기이었다.

한일 국교정상화 이후 일본의 유명한 역사학자인 이시다石田英一郎 · 문화인류학자 이즈미泉靖一 선생 등이 한국을 방문하여 한국문화

일본 동경대학의 교수인 이즈미 세이치(왼쪽) 선생을 박수무당에게 안내하고 나는 그의 소개로 일본 유학을 결심했다.

1960년대 이두현 선생님(오른쪽)과 강원도 평창에서

인류학회에서 강연회를 행하고, 나는 그때 학회의 간사를 맡고 있었다. 그 때 이두현 선생님의 소개로 갑자기 일본 유학을 결심하게 되었다. 신원 조사가 엄격한 나머지 수년간 유학을 준비한 사람도 포기하던 때인데 나는 다행히 육군사관학교 교관으로서 중앙정보부 교육을 받은 증서로서 무사히 쉽게 여권을 손에 쥐게 되었다.

교회가 여관인줄 아느냐 | 한마디의 일본어도 말할 수 없이 일본에 도착한 것이다. 일본어를 못한다는 표현도 옳지 않다. 한국어, 아니 모든 언어 능력을 완전히 상실한 "언어상실자"처럼 무력감에 빠졌다. 동경대학의 나카네中根千枝 교수가 후견인으로 호리堀一郎 교수를 지도 교수로 세이죠대학 대학원 박사과정에 입학이 허가된 것은 도착한 다음날이었다. 경제적인 문제 또한 나의 무능

력에 더욱 박차를 가했다. 해외에 가지고 나갈 수 있는 제한 액수 200달러를 가지고 일본에 왔기 때문이다.

도쿄東京 한국교회에서 묵게 해 준다는 말만 듣고 찾아간 교회 장로에게서 "교회가 여관인줄 아느냐"는 말에 기대는 무너지고 혼비백산이 되었다. 며칠간의 체류비용에 지나지 않는 돈으로 나는 돌연 굶어 죽을 경지가 되었다. 더욱 어려운 것은 무전유학생인 것 같은 내가 택한 대학원은 일본에서 학비가 아주 비싸다는 세이죠대학成城大學이었다. 결국 나는 그 대학에서 오래 동안 재적하였으면서도 학위를 받지 못하는 불행의 연속이었다. 그 대학과는 그다지도 어려운 인연이었다. 결국 그 후 오랜 세월이 지나서 츠쿠바대학에서 논문박사의 문학박사학위를 얻은 것은 망외의 영광이었다.

아르바이트 | 우선 학비보다는 먹기 위해서 아르바이트를 찾지 않으면 안 되었다. 그런 가운데 육군사관학교 시절의 시간강사이었던 김태준씨를 교회에서 만난 것은 참으로 행운이었다. 결국 그의 하숙집에서 며칠 동안 신세를 지면서 집을 얻기로 하였다. 한국인이라는 것 때문에 셋집을 얻기 어려웠던 것은 당시 유학생들이 흔히 겪는 체험이었다.

최인학씨의 소개로 아르바이트를 찾을 수 있었다. 도쿄 서적판매 회사에서 책을 운반하고 분류하는 노동이었다. 아침 8시 반, 아침 체조를 하고 콘베어의 작동과 함께 하루 일이 시작되었다. 점심을 양껏 먹을 수 있는 것만으로도 다행이었다. 점심시간에는 널려있는 포르노 사진집에도 눈길을 둘 수조차 없이 졸다가 벨 소리에 깨어, 일은 밤까지 이어지는 힘든 노동의 연속이었다. 그런 노동의 경험이 없던 나는 당해내기 어려웠다. 필사적으로 일을 하려니 몸이 아프기 시작했다. 일본의 기후에 적응할 수 없어서인지 허리가 아프고, 심한 노동으로 결핵의 재발이 큰 걱정이었다.

과로 | 1959년 서울대학교 재학 중에 데모에 참가하고, 그 무렵 이승만 대통령이 하야했다. 그 혼란 시대에 나는 대학계몽대에 참가하고 돌아오는 길에 각혈하고, 결핵 말기라고 하는 "죽음의 선고(?)"를 받았다. 그 당시에는 결핵이 대단히 무서운 병이었다. 결핵 말기라는 선고에, 죽음을 눈앞에 두고 캄캄했던 일, 긴 투병 생활을 해야 했다. 출세와 성공, 야망의 덩어리와 같은 내가 다시 고향으로 귀향하지 않을 수 없었다. 죽음을 받아들이기에는 너무나도 젊었다. 소생할 수 있다면 사회에 도움이 되는 인간이 되겠다고 비는 수밖에 없었다. 함께 투병중인 정신병자는 세상을 떴다. 나는 그에게 전도되어 크리스천이 되었다.

병소病巢를 크게 남기면서 기적적으로 건강을 회복했다. 그 병소는 나의 행동을 여러 가지로 제한해 왔다. 육군사관학교의 교관이 되고자 할 때, 건강진단이 문제가 되었다. 결핵의 X선상 문제가 취업에 지장이 될 번했다. 담당의사 강姜박사의 도움으로 문제가 해결되었다. 그것은 나의 인생에 제동을 거는 장치처럼 내 몸속에 존재하고 있다. 나의 가슴에는 지금도 낡은 병소가 희게 석회화된 것이 비치고 있다. 의사가 보여주는 엑스레이 사진으로 나의 가슴은 너덜너덜한 것이라고 느껴졌다. 그것이 지금의 내 자신을 강하게도, 약하게도 작용하고 있다. 스포츠와는 인연이 없는 나의 생활, 단지 규칙적인 생활 습관 등이 나의 건강을 지키게 되었다.

다시 일본에서 결핵이 재발될지 모른다는 위기감에 빠졌다. 아르바이트를 한 달 정도로 그만 두고 그 후 식당이나 세차장 등에서 열심히 일을 하였으나 수업료를 지불하기까지는 어려웠다. 조선장학회, 요네야마米山 장학금에도 신청하였으나 모두 불합격이었다. 힘든 육체노동보다는 앉아서 할 수 있는 일을 찾은 것이 한글로 된 부동산 전화번호부와 주소록을 한자로 옮기는 것이었다. 두꺼운 책 한권을 번역하여 연락을 하니 의뢰자가 나타나서 아르바이트비를 얼마를 주면 좋겠느냐고 물어온다. 나는 한국에서 하던 대로 "당신의 판단에 맡기겠다"라고 하였다. 그가 간 다음 봉투를 확인하니 겨우 1만 엔이었다. 사기를 당한 기분이지만 내가 그에게 맡긴 것이 잘못이었다. 일본인과의 첫 거래가 이런 것인가, 실망이 컸다.

나는 지금도 그런 태도로 손해 보고 있다. 그것을 알고 있으면서도 이러한 삶의 태도를 바꾸지 않고 있다. 아주 큰 손해가 아니라면 손해를 보아도 좋다고 생각한다. 나의 "프렌드십의 손해"라고 생각하고 있기 때문이다. 오히려 선의로 한 것이 불이익으로 돌아오는 경우가 불쾌했다. 내가 다른 사람의 선의를 무시할 일은 없었을까, 되돌아보고 있다.

좌절 | 이러한 곤란, 곤궁한 상황에도 불구하고 당시 한국에서 방문하여 오는 사람이 많았다. 그들이 들릴 때마다 동행하거나 관광 가이드의 역할도 했다. 그들은 나에게 큰 위안이 되었으나 아주 큰 경제적 부담이었다. 더욱이 한국에서 있었던 나의 가정 문제 등에 관련한 소문이 일본으로도 퍼지게 되어 일본으로 도피한 의미가 없어지는 것 같았다. 나에게 학문적으로 기대하고 있었던 일본인 선생들에게도 악영향을 주고 있다는 것을 알게 되었다.

그런 상황에서 세이죠대학에서 공부를 하는 것은 경제적으로 무리라며 국립대학인 동경대학으로 옮기는 편이 낫다고 하는 충고가 있었다. 그러나 나의 일본어 실력으로는 미묘한 표현을 할 수 없기 때문에 대신 교섭해 주신 분에게 부탁하였으나 지도교수가 허락하지 않아 좌절되고 나의 입장은 더욱 어려워졌다. 나는 모든 일본인 선생들에게서 소외되고 아주 많은 사람으로부터 미움을 받는다고 통감하였다. 최후까지 나를 신뢰해 주고, 상담해준 분은 유동식 선생님이었다. 하네다 공항까지 배웅하고 돌아갈 전철표도 살 수 없었는데 그는 지갑에 남아있는 동전을 나에게 건네주었다. 그것은 귀중한 "은혜의 동전"이었다. 동전 하나에도 감사하는 습관이 이후 나에게 생긴 것이다.

남의 존경이나 사랑을 받는다는 것이 얼마나 어렵고, 미움을 받는다는 것이 견디기 어려운 불행인가를 알았다. 나는 지금 생각하여도 좌절해 버리지 않은 것이 이상할 정도이다. 그것을 극복하기 위해서는 그 원인이 자신에게 있다는 데에 이르렀다. 즉 미움을 받는 원인은 자기 자신이 제공한다는 것을 알게 되었다. 미움에 대항하고자 복수하려는 것보다는 상대를 용서하는 것이 훨씬 편하다는 것도 실감했다.

사랑과 증오 | 그 때의 일기를 읽으면 많은 분들에게 신세를 지고 있었다는 것을 회상할 수 있다. 일기에는 고생스러운 추억 뿐만은 아니니다. 나쁜 소문, 배신 등이 기록되어 있다. 역설적으로 생각하면 미국인 심리학자 칼 메닝거의 『미움과 사랑』, 즉 애증의 메커니즘을 나 자신이 체험한 것이었다. 내 자신이 특히, 나쁘다는 것보다는 사람과의 소원한 관계를 용서하고 고치는 것이 부족하다는 것을 알았다. 그래서 적극적으로 인간관계를 개선하려고 노력하였다. 그런데 일본인은 한번 좋지 않은 관계는 영원히 단절되고 마는 것으로, 몇 몇 사람의 관계는 지금까지 개선되지 않았다. 거기에 일일이 공격하지 않고, 복수하려 하지 않았다. 그것은 신이 해준다고 믿었기 때문이다. 손해를 보는 길, 좁은 길을 걷는 수도자와 같은 기분이었다. 나는 많은 실패와 개선을 되풀이 하였다.

모든 사람이 그런 것은 아니다. 사쿠라이櫻井德太郎 선생님은 나를 자택으로 초대해 주었다. 거기서 야마오리山折哲郎 선생님, 미야타宮田登 선생님과도 동석하고, 풍성한 대접을 받았다. 김태준씨, 김영제사장, 이토伊藤亞人씨와 스에나리末成道男씨, 간노菅野씨 등이었다. 세이조대학成城大學의 노구치 교수를 비롯한 원생 시라미즈씨 등은 나를 위하여 한국어의 클래스를 만들기도 하였다. 우치다 루리꼬 선생님도 나에게 물심양면으로 도와주었다. 결국 미야타宮田노보루登 선생님은 나의 지도교수가 되었고 그의 지도를 받아서 논문을 제출하고, 논문박사의 학위를 취득하였다.

긍정적인 태도 | 지금, 나는 학생이나 제자들이 실패하지 않도록 내 자신의 경험을 토대로 조언을 하고는 한다. 내가 가르쳤던 학생의 실패 원인을 생각하고, 그 대책을 여러 가지로 모색하고 있다. 그의 실패를 처음부터 보아 온 나로서 그가 최후까지 다시 일어서기를 바라고 있다. 나는 방책이 아니라 깊은 반성으로부터 "삶의 태도의 재시도"를 기대하고 있다. 그가 다시 일어날 것을 기대하면서 그를 끝까지 지켜보려고 한다.

사람을 칭찬하거나 축하해 주기는 욕하기보다 어렵다. 정말 진심으로 축하하기가 어려운 것은 자신의 열등감이 그것을 누르기 때문이다. 나도 그런 사람의 하나이다. 그러나 나이를 들면서 진심으로 다른 사람을 칭찬하고 격려하게 되었다. 그래도 아내에게 감사를 표하거나 칭찬하는 데에는 인색하다. 멋쩍어서 그런 것이다. 남이 들으면 자화자찬이나 자랑과 다를 것이 없다. 남이 아니기 때문이다. 친해지고 가까워지면 감사라는 말이 필요 없기 때문이다.

일본학술진흥회 외래연구자로 채택 | 후지사와藤澤 민단에서 먹고 자면서 일을 할 수 있었고, 대학 강의에도 성실하게 출석했다. 학회나 연구회, 교회활동 등에서 열심히 정력적으로 참가하고 활동하였다. 동경대학의 나카네中根千枝 선생님의 강의도 들었고, 도쿄대학東京大學 동양문화연구소 연구회에서 한국 무속집단의 분석을 발표해 나카네中根 선생님으로부터 칭찬을 받고 동양문화연구소 기관지에 기고할 수 있었다. 이토伊藤, 스에나리 제諸씨

의 큰 협력을 얻어서 학위논문을 준비했지만, 세이죠대학은 최후까지 학위를 인정해 주지 않았다.

한편 일본어의 번역, 학술진흥회 외래연구자로서 채택되어, 학회나 유학생회 등에서 발표, 강연을 하는 일들이 증가되었다. 내가 중심이 되어서 세이죠대학 원생과 문화인류학의 원서 독서회, 유학생들과 막스 웨버의 『프로테스탄트의 윤리와 자본주의』를 영문으로 읽는 연구회는 정말로 크게 유익한 것이었다. 이때쯤 내가 지금의 아내인 사치코幸子를 만난 것은 인생의 큰 전기가 된 것이다. 아내는 당시 성 누가 병원의 간호원이었다.

스에나리末成道男씨 중심으로 간호 잡지 『간호 연구』 7-3(의학서원書院, 1974)에 「배설에 있어서의 문화인류학적 고찰」이란 좌담회에 참가하였으나, 그 때의 나의 일본어는 어땠는지 지금 기억하지 못한다. 그 자리에는 하라原 히로코, 미국의 와가츠마我妻洋 선생님 등이 참가하였다. 그 좌담회가 게재된 잡지를 들고 제일 먼저 찾아 간 사람은 사치코이었다.

유상희 장로와의 만남 | 내가 힘들었던 고생의 고비를 넘기고 비교적 안정된 1976년 3월 유상희씨를 만났다. 그는 서울대학교 사범대학 국어교육학과 나의 6년 선배이며, 혈육을 만난 것 같은 기분이었다. 신주쿠新宿의 중화요리집인 "남국사원"에서 이두현 선생님을 모시고 우치다內田 선생님 등이 참가한 이李선생님의 환영회가 있었다. 내가 다음해 3월 귀국할 때까지의 1년간 매주 교회에서 그와 만났다. 부인 오영원 선생이 경남대학교 교수로 재직

하고 있어서 유씨와는 밤낮 없이 만나고 있었던 느낌이다. 단기간 이었지만 밀도가 높은 교제이었다.

그는 교회의 중심 멤버인 장로이며 나보다 빨리 일본에 와, 죠치대학上智大學 강사를 하고 있었다. 나는 유씨가 장로로 있는 교회에 출석하고, 교회 활동에도 적극적으로 참가하고, 신앙적으로도 성장했다. 그 때 나에게 있어서 신앙은 희망을 주는 유일한 것이었다. 유형兄과의 만남은 나의 신앙에 불을 붙이는 전기가 되었다. 교회에서 나는 예배전인 9시 30분부터 청년회의 성경 지도를 담당했다. 유학생 교인, 박순종 · 박영일 · 오성창 등 여러 사람들과 함께 "근대화"를 주제로 해서 열심히 토론했다.

나는 정직하다 | 나는 일본인의 정직과 근면이 일본 근대화 성공의 밑거름이라고 생각하고 있다. 내 자신도 정직하다고 믿었다. 그런데 어느 날 저녁 나의 정직을 테스트하는 듯 대학의 계단에서 1만 엔짜리 지폐를 주운 것이다. 아무도 없는 곳에서 그냥 요긴하게 쓰고 싶은 생각이 있었으나, 나는 나의 신조를 건 중요한 메시지로 받아들여 사무실에 신고하였다. 누구나 당연하다고 생각할지 모르지만 나는 나의 "큰 승리"라고 만세를 부르고 싶은

유상희 교수(왼쪽)와 함께

심정이었다. 나는 그 후, 나는 정직하다는 신념을 스스로 가지게 된 것이다. 그런데 후지사와藤澤 민단에서 나에게 호의를 베풀어준 윤씨 노인으로부터 내가 돈을 훔쳤다고 비난되어, 할 수 없이 나는 그 돈을 배상했던 일이 있었다. 나중에 그 노인이 돈을 되돌려 주면서 자신의 잘못이라고 했을 때는 정말로 기뻤다.

불고기문화 조사 | 나는 유상희 선배와 공동 연구를 했다. 재일동포 동포의 기간산업이라고도 할 수 있는 "불고기문화"를 같이 조사했다. 먼저 메뉴를 조사한 다음, 주인과 인사를 나누면서 자연스레 한국어로 인터뷰를 하였다. 어떤 식당의 남자 주인은 불고기집을 하고 있는 것에 직업차별을 강하게 자각해서 자신은 일체 일을 하지 않는다고 했다. 식당 주인은 불고기로 돈을 모아서 다른 장사를 생각하고 있다고 말했다. 그러한 생각을 하기에, 그에게 직업 차별적인 사고방식의 의견을 물었더니 그는 화를 내면서 싸움처럼 된 적도 있다. 그 때 유씨는 자신의 존재감을 나타내듯 잘 처리해 주었다. 그 때의 식비 등은 유선배가 전부 부담해 주었다.

나는 어느 날 소고기를 분배하는 도살장을 보고 싶다고 하자 유씨는 시나가와品川 도살장에 연락해 견학하게 되었다. 두 사람은 비닐의 비옷을 입고 현장에 들어섰다. 트럭으로부터 내리 밀려 들어오는 소를 쇠망치로 박살하는 것이 아닌가. 나는 그것을 목격하고 충격을 받아서 빈혈을 일으키고, 냉동실만을 돌아보고 나왔다. 유선배의 도움으로 기력을 회복하였으나 나는 이후 동물영화조차

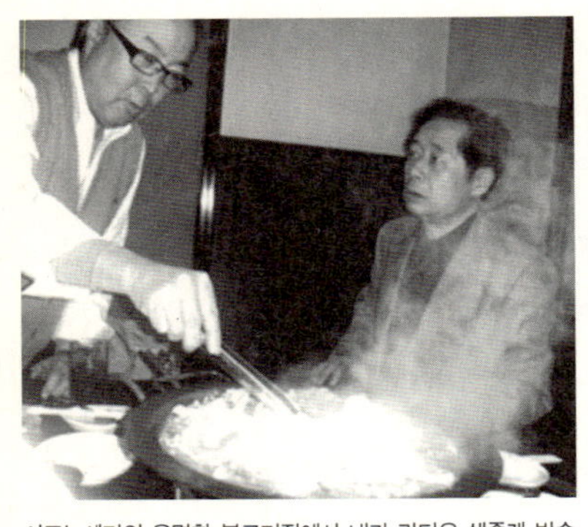

시모노세키의 유명한 불고기집에서 내가 라디오 생중계 방송을 하였다.

볼 수 없는 기가 약한 사람이 되고 말았다. 나는 그러한 이미지가 나오는 것이 싫어서 동물의 왕국 등의 영상 프로그램을 보지 않게 되었다. 개미도 죽일 수 없는 붓타의 마음일까?

여하튼 조사한 결과를 매듭지어 「불고기에 관한 문화인류학적 연구燒肉に關する文化人類學的研究」고 하는 논문을 『사회인류학연보社會人類學年報』에 기고했다. 그것은 좋은 평가를 얻었다. 어떤 유명 출판사로부터 단행본으로 정리해주었으면 하는 의뢰를 받았지만 내가 귀국하게 되어 실현되지 않았다.

유학생들의 모임 | 1976년 9월 3일 4일에 게이오慶應 산장에서 신한학술연구회 25주년 기념 세미나가 있었고, 나는 사회를 맡았다. 『한국 유학생이 말하는 일본』의 출판을 향해서 열심이었다. 유학 생활에서의 영향을 받은 분들이 정치에도 반영된 사실이 보고되었다. 저우언라이周恩来와 호찌민胡志明은 프랑스에 1년 정도 유학했다. 두 사람의 유학생활은 대조적이었다고 한다. 저우언라이는 개방적으로 교제했지만, 호치민은 자기 민족 집단 안에 틀어박혀 있었다라고 한다. 유학의 패턴이 인생관에 크게 영향을 주고

있는 것은 말할 필요도 없다. 이 때, 유학의 개념 · 유학생의 역할 · 일본의 유학정책 · 일본에서의 생활 등을 토론했다.

일본어 | 귀국하여 경남대학교와 계명대학교에서 근무하다가 다시 일본에서의 생활이 시작된 것은 1991년이다. 츄부대학中部大學, 히로시마대학廣島大學 그리고 토아대학東亞大學으로 이어진다. 동경에서 유학을 하고, 아이치로, 히로시마로, 야마구치로, 서남쪽으로 이동하면서 살고 있다. 한국에 가까워졌다.

일본에서 오래 살면서도 나의 일본어 실력은 보잘 것 없다. 40여 년 전에 일본에 유학하고 일본에서 산지가 20년이 넘는데도 아직도 일본어에 자신이 없기 때문이다. 나보다 나중에 일본에 온 사람이 방송인이나 문필가로 활동하는 것을 보면 나의 언어적 재질은 없는 것 같다. 언어의 재능보다는 원래 언어 구사력이 낮은 것이기 때문이라고도 생각된다.

중국 출신으로 일본 유학을 한 중국인 양일楊逸씨가 일본 문학의 권위인 아쿠타가와상芥川賞을 수상했다는 뉴스가 나 왔다. 중국 민주화의 상징적인 소설인 것처럼 보도되지만 나에게는 다른 면에서 좀 충격이었다. 우선 그녀의 일본어 구사력이나 표현력을 알고 싶어 서점에서 그의 수상작을 구입하였다. 뉴스에 의하면 천안문 사건의 민주화를 그린 소설이라는 것은 아주 지엽적인 것에 불과하다. 역시 그녀의 일본어 문장표현은 놀라웠다.

일본에는 많은 재일동포작가가 있지만 그들은 거의 일본어를 모어로 하고 있는 사람들이다. 다만 최근에는 일본어 문필이나 논문 등을 발표하는 사람들이 많다. 그러나 아직 문학 작가로서 크게 평가될 만한 경지에는 이르지 못하고 있다. 아마 또 한 세대를 기다려야 할 지 모른다. 나의 일본어는 외국어일 뿐이다.

일본의 문자는 히라가나, 카타카나, 그리고 한자가 있다. 한자는 중국 이외 한반도·베트남·일본 등 소위 한자문화권에 널리 사용되었지만 해방 후 베트남과 북한은 한자를 빨리 버리고, 지금은 한국에서도 거의 사용하지 않고 있다. 일본만이 유일하게 사용하고 있다. 그런데 일본인은 한자를 국자國字로 사용하고 있으면서도 한자를 읽을 수 없는 사람 즉 문맹文盲이 많다. 문맹이란 문자를 읽을 수 없는 사람을 의미한다.

내가 일본의 대학원에 막 유학했을 때 대학원생들이 한자를 읽지 못하는 것을 보고 실력이 없다고 오해한 적이 있다. 일본에서는 지명이나 인명을 읽을 수 없어도 그다지 부끄럽지 않다. 상대방의 명함을 받고도 읽을 수 없는 경우가 많고 본인에게 읽기(훈독)를 묻는 것은 일본에서는 일상적이다. 일본의 한자는 외국어도 외래어도 아닌 일본어이면서 읽을 수 없는 사람이 많아서인지 그것을 게임으로 하는 프로그램이 많다. 나는 일본의 국어정책이 엉망이라고 생각하고 있다.

자장면 | 내가 일본에서 적응하기 어려운 것이 있다면 음식문화이다. 나의 식습관은 아직도, 여전히 한국적이고 아주 보수적이기 때문일 것이다. 일본의 슈퍼를 몇 바퀴 돌고서도 입맛에 당기는 것이 없으니 말이다. 모처럼 한국을 방문하면 냉면이나 자

장면을 즐겨 먹는다. 나뿐만 아니라 한국인이면 누구나 좋아하는 것으로 생각한다. 일본인들이 전형적으로 좋아하는 낫또納豆도 나의 입맛에 맞지 않는다. 청국장과 비슷하지만 끈적거리는 것이 싫어서 먹지 않는다. 군침이 도는 음식을 발견하기 어렵다. 점점 한국 음식을 찾는, 고향의 맛을 찾는, 아니 "어머니의 맛"이 그리워지는 경향이 짙어지고 있다.

해외에 살면서 먹고 싶은 음식이 자장면이라는 것은 좀 아이러니컬하다. 한국의 전통 요리도 아닌 중화요리가 왜 먹고 싶을까. 그런데 그 자장면이 왜 우리들의 입맛에 들게 된 것일까. 값싸고 거기에 배달까지 해주는 등으로 한국에 정착한 중화요리이다. 자장면은 춘장에 국수를 비비는 요리, 맵지 않아 어린이가 좋아하는 메뉴이며, 이미 한국의 토착 음식이기 때문이다. 자장면이나 라면이 간식 등으로 등장한 것은 아주 최근의 일이다. 자장면은 외식뿐만 아니라, 인스턴트나 통조림 등도 있어, 가정 요리로도 되고 있다.

자장면은 한국요리 | 그런데 내가 실패한 적이 있다. 사할린에서 귀국한 20여명에게 점심을 대접하려고 쉽게 배달되는 자장면을 이들에게 접대한 적이 있다. 그런데 아무도 맛있는 표정을 짓지 않는 것 아닌가. 그들은 전통 요리가 아닌 이상한 음식에 접한 것이다. 나는 자장면이 해방 후에 일반화(1905년 고화춘이라는 중화요리집에서 자장면이라는 이름으로 판매하였다고 알려져 있음, 그러나 인천을 중심으로 판매되었기 때문에 한정된 사람만이 먹었다고 함)된 것을 깨닫고 부끄러웠다. 그들은 해방 전에 사할린으로 건너 간 사람들로서 국수

라면 말아서 먹는 것으로 알고 중국식 춘장에 비벼서 먹는 것에서 저항감을 가진 것이다.

부산 심포지엄에 참가한 대만 학자들에게 한국식 중화요리인 자장면을 권했다. 돼지고기와 검은 된장으로 섞은 국수 요리에 생양파에 초를 뿌린 것을 반찬으로 먹는 것이 신기로운 모양이다. 그들에게는 한국의 중화요리가 체험으로서의 점심이었다. 역시 그들에게서도 맛있는 표정을 읽을 수 없었다. 자장면은 중화요리가 아니라 완전한 한국요리라는 것을 실감했다.

찹쌀 | 일본인들은 우리들보다 훨씬 찹쌀을 많이 사용한다. 나는 그 점에 착안하고 오래 동안 조사하여 중요한 결론을 얻었다. 그것은 한반도가 멥쌀로 떡을 만드는데 반하여 일본은 거의 전적으로 찹쌀떡을 선호하는 것이다. 일본은 남방문화의 영향이 강하다. 찰은 끈기가 있다. 일본인은 끈기가 있고, 한국인은 뜸들이기에 대한 신중한 태도를 가리킨다. 다시 말하면 일본인은 사후에 끈질기게 한다는 것이고, 한국인은 사전에 주의를 한다는 것이다. 뜸 들이기와 끈질김이 함께 바람직하다.

아내가 만든 주먹밥 도시락을 먹으면서 한일 문화의 차이를 생각했다. 한국에 있는 나의 친족이나 친구는 내가 "주먹밥을 먹는 장면을 상상하면 비참하구나"라고 생각할 것이다. 한국에서는 전통적으로 주먹밥을 먹었던 계층이 주로 빈곤한 사람들이 먹었던 것이기 때문이다. 최근 일본의 대학생이 주먹밥을 먹기에 "맛있는가"라고 이야기를 걸면 "맛있다"라고 한다. 주먹밥을 먹으면서 맛있다고 한다면 "맛의 이야기를 할 수 있을까"라고 느꼈다. 나는 일본음식에 대해서 대단한 편견을 가지고 있는 것을 알아 차렸다. 나 같은 연령이라면 점심이라도 며느리가 차린 독상으로 식사를 하는 것이 보통일 것이다. 나의 아버지는 그렇게 살았다.

음식문화가 변한다 | 맥도날드는 도시화 · 근대화 사회의 생활양식에 맞추어 생겨난 회사이다. 음식을 들고 다니면서도 먹을 수 있는 것으로 전통적으로 앉아서 먹는 식생활을 근본적으로 바꾼 패스트푸드이다. 1940년대에 미국에서 형제가 창업한 이래 가장 국제화에 성공한 햄버거로 상징되는 회사이다. 현재 아랍 몇 개국을 제외하고 전 세계에 보급된 미국 문화로서 상징적인 것이다.

예전에 중국인이 오차를 들고 다니거나 하는 것을 보고 품의 없는 것으로 여기던 사람들도 아이스크림을 들고 먹으면서 걷는 것을 흔히 볼 수 있다. 정좌를 하고 앉아서 먹는 습관으로 익숙한 나에게는 오래 동안 저항감을 가지고 있었고, 노점에서 판매되는 솜사탕을 입에 댄 적이 지금도 없다. 그러나 나도 가끔 맥도날드의 햄버거를 들고 먹을 때가 있다. 시대의 흐름을 어찌 막으랴.

이러한 식품이 개발되면서 식품에는 일정한 유효기간이 있다. 그 유효기간이 지난 것을 일본의 와세다早稲田 점이 조리 일시의 실(seal)을 새로 붙여서 판매하였다고, 문제가 되고 책임이 추궁되었다고 한다. 담당자의 한사람이 "아깝다"고 한 것이 문제의 발단이다. 나는 유통기한이 조금 넘어도 "아깝다"고 여겨 먹는다. 예전에는 냄새나 빛깔, 눈으로 검사를 한 후 먹었던 사람들이 지금은 유난히도 법석을 떠는 것 같다. 송피로 연명한 조상들의 가난과 이를 극복하고 위생을 중시하는 사회로 발전한 것이다. 한편 기쁘고 또한 염려스럽다.

참외 | 서울에 사는 누나는 고령이지만 약 150평의 밭에서 야채 등을 재배한다. 조카의 말에 의하면 전 품종이 내가 좋아하는 것이라고 한다. 땅콩·산나물·참외 등이다. 특히 내가 좋아하는 것은 참외이다. 일본에서도 예전에는 참외를 재배하였지만 수입이 높은 프린스멜론 등을 재배하게 되어 지금은 참외를 거의 보기 어렵게 되었다. 참외는 단맛이 높은 멜론에 비해서 단순한 맛이지만 나는 그것이 더 좋다. 한국이나 중국으로 여행할 때 참외밭을 보면 바로 차를 세우고 서너 개를 까먹고 간다. 그래서 나의 여행에는 주머니칼이 들어있다. 그런데 비행기에는 작은 주머니칼조차 소지할 수 없게 되어 플라스틱 나이프로 대신하고 있다. 누나는 아내의 환갑을 축하하기 위하여 우편으로 김치 등을 보냈는데 비닐이 부풀어 올랐고 김치 맛도 변했다. 김치의 맛은 변했어도 보낸 이의 정성은 신선한 것이다.

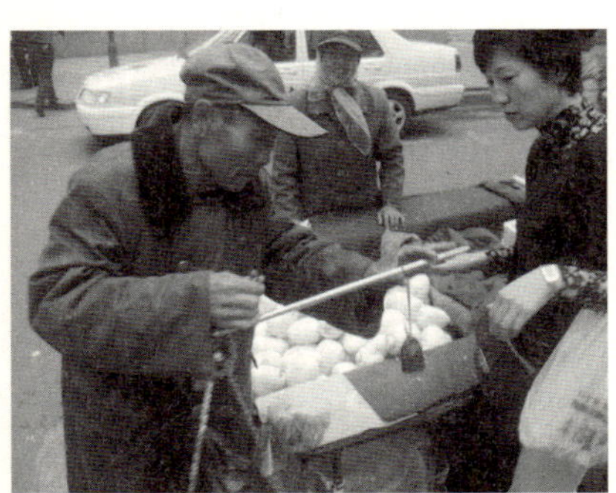
중국 장춘 거리에서 참외를 산다.

날 땅콩 | 누나가 볶지 않은 생 땅콩 한 자루를 가지고 왔다. 내가 날 땅콩을 좋아하기 때문이다. 아마 옛날 어머니가 내가 좋아하는 땅콩을 재배하였는데 밭에서 뿌리 채 뽑아 날것으로 먹었던 추억을 기억하고 있는 것 같다. 덩굴뿌리에 연결된 땅콩을 생채로 먹던 어린 시절을 그립게 상기했다. 일본에서는 날 땅콩을 보기 어렵다. 대개는 지나치게 볶은 것뿐이다.

땅콩은 나만의 기호품은 아니다. 미국인들을 비롯해 보편적인 기호식품이라고 할 수 있다. 카터씨는 "땅콩대통령"이라는 별명이 있을 정도로, 선거 때에는 땅콩이 상징마크이었다. 미국의 땅콩으로서는 특히 생으로 말린 것은 것이 일미一味이다. 러시아 상트페테르부르크 호텔에서 아침 식사에 생 땅콩이 놓여 있어서 반가웠다.

김 | 내가 좋아하는 것으로 김도 들 수 있다. 따라서 김에 대해서는 남달리 관심이 많다. 거문도 조사를 가는 길에, 여수麗水에 들려 전 군산대학교 교수인 배수환裵樹奐씨를 호텔로 초청하여, 배교수에게 "한일에 있어서의 김 산업"이라고 하는 주제로 강연을 부탁하여 들었다. 그는 전 세계에서 김의 문화는 한일 양국밖에 없다고 단언했다. 대부분의 일본인 관광객은 한국에서의 선물로 김을 사간다. 다른 나라의 관광객에게서는 볼 수 없는 풍경이다.

나는 중국이나 러시아에 김을 선물에 가지고 간 적이 있다. 환영되지 않는 것을 알았다. "김문화"란 미역, 다시마 등과 함께 식품재료, 요리법, 먹는 방법, 예의 등을 포함하는 것을 의미한다.

미역이나 다시마 등은 다른 나라에서도 먹지만 김은 일본과 한국에 한한다. 일제강점기(식민지) 때에는 특히 한일의 전문가들이 양식법 등을 개발하여 대중화된 것이다.

여행지에서 맛이 있는 식당 찾기란 쉽지 않다. 모처럼 짧은 여행에서는 맛있는 음식을 먹고 싶었으나 식당을 잘못 들어가서 실망한 때가 많다. 모범 식당의 표시가 있는 곳에서는 별로 문제가 되지 않지만 낯 선 시골에서는 손님이 많이 들어있는 식당을 우선한다. 맛을 가리는 듯한 인상의 사람에게 물어 정하는 것도 좋다. 그런데 호텔 등의 소개를 받아서는 실패하는 일이 많다. 그들은 영업적으로 연결된 곳으로 손님을 보내기 위한 것이기 때문이다. 대개 소개자는 손님을 생각하는 것 보다 자신과의 관계가 있는 업소를 우선하므로 그 소개는 신뢰하기 어려울 경우가 많다.

부산釜山의 중심지에 있는 호텔에서 일본의 대학생들과 저녁식사를 하기 위해 호텔의 프런트에 가깝고 맛있는 식당을 소개해 주도록 부탁했다. 바로 식당 사람이 마중하러 와 주었는데 의외로 먼 곳이었다. 그래도 요리에는 기대했다. 그러나 나의 기대는 크게 어긋나고 실망했다.

정들면 고향

4
정들면 고향

대추나무 | "정들면 고향"이란 말은 남에 땅에 흘러 들어와서 오래 살면 고향이 된다는 말이다. 좀 더 적극적으로 고향을 만든다는 뜻으로 생각한다. 사는 곳에 애착을 가지고 참여하는 것으로 시작된다. 마을이나 사는 도시에는 작고 큰 많은 모임들이 있다. 작은 화랑이나 회관 등지에서 자주 주최되는 여러 행사가 있다. 그럴 때마다 되도록 행사에 참가한다. 그리고 많이 걸으면서 사람들과 대화를 나눈다. 여러 회의를 개최하다보면 관객이나 청중의 수에 신경을 쓰면서 자신을 그런 모임에 나가지 않는 사람이 많다.

어떤 분이 대추나무 묘목을 주어서 베란다의 화분에 심었다. 매년 몇 개씩 열리더니 어느새 성숙한 나무가 되었다. 내가 태어난 고향집 마당에는 대추나무가 있던 것을 상기한다. 그립기 짝이 없다. 한국에서는 대추는 제사나 혼례식 등에서는 빠져서는 안 되는 과일이다. 폐백에서는 자손번영의 상징적인 것이다. 나이 든 사람이 대추를 보고 먹지 않으면 빨리 늙는다고 한다. 대추를 먹으면 늙지 않는다고 하는데 기대해 본다. 노인의 기호품이기도 하다.

그런데 일본에서는 대추나무가 그다지 눈에 띄지 않는다. 또 일본인들은 그 맛을 잘 모른다. 내가 대추를 좋아하는 것을 알고, 미국의 캘리포니아에서 대추농장으로 대성공한 한국인이 자기 농장에서 같이 일을 하자고 권해 온 것도 생각난다. 보스턴에 살고 있는 일본인 친구가 대추를 한 자루 째 우편으로 보내 왔다. 그리고 얼마 안 돼서 이름 모를 나무열매가 들어있는 큰 박스가 왔다. 호두 이외 처음으로 보는 것들로 여러 종류 들어 있었다. 껍질이 단단해서 펜치나 나이프를 사용해 알맹이를 꺼내는 데에 필사적이었다. 아내와 정신없이 껍질을 깨고, 파편이 온 방으로 튀어 마치 유인원이나 원시인 등의 생활공간처럼 되었다. 원시시대로 되돌아간 기분이다. 인간이 동물이라는 것을 새삼 인식하였다.

꽃샘추위는 질투하는 추위 | 남편을 여의고 혼자 사는 여인이 우리 집에서 가까운 맨션으로 이사해 왔다. 그녀는 단독주택에서 맨션으로 옮기는 데에 크게 망설인 것은 정원에 있는 나무에 대한 것이었다. 특히 결혼 선물로 심은 라일락을 두고 올 수 없기 때문이다. 결국 그 나무를 큰 화분에 심어 가져오기로 마음먹고 이사를 온 것이다. 돌연 아내와 함께 한국의 습관처럼 비누와 화장지를 가지고 그녀의 새로운 주거, 맨션에 들렀다. 창가에 라일락 화분이 놓여있다. 정원에서 창가로 옮겨진 라일락이 산소에서 위패를 가져다 모신 것 같은 느낌이 들었다.

"온난화"란 말이 범람한다. 그러나 추위는 아직도 계속된다. 일기 예보가 최고 14도가 된다고 하여 코트를 입지 않고 나갔더니 비가 내려 추웠다. 봄이 좀처럼 오지 않는다. 그러나 베란다의 춘

란은 피어 있다. 그리고 그윽한 향기를 내뿜으며 자연스레 계절을 알린다. 알아차리기 어려운 자연의 아름다운 향기를 느끼게 한다. 소한과 대한도 지나고 봄을 맞이한다고 하는 24절기의 하나인 입춘이다. 캘린더와 계절은 반드시 일치하는 것은 아니다. 일본에서는 정월 초하루에 "영춘"이라고 하지만 그것은 중국식에 의한 것이다. 겨울이 있는 것도 감사할 일이다. 나는 열대지방의 발리 섬에서 겨울을 보낸 적이 있다. 계절의 변화가 없이 무더운 날씨가 계속되는 것이 무척 짜증스러웠다.

한국인은 일본인보다 기온에 민감하다. 일본보다 기온의 차이가 심하기 때문일 것이다. 기온이 급강하, 겨울 추위가 돌아온 것 같다. 온난화라는 말이 거짓말 같다. 이런 꽃 필 무렵의 추위를 한국에서는 꽃샘추위라고 한다. 즉 꽃이 피는 것을 시기하는 듯, "질투하는 추위"라고나 할까. 꽃이 피는 것, 즉 계절이 바뀌는 것을 질투(알리려)하는 마음이다.

인생에 비유해서 말한다면 인생의 꽃은 청춘이다. "꽃다운 청춘"이라고 하는데 일본에서는 신부와 신랑을 "꽃의 사위", "꽃의 며느리"라고 부른다. 예전에 비해 지금은 혼기가 지연되었는데, "인생 꽃"의 만개를 지연시킨 것이라고 할까.

인생의 개화를 지연시키는 것이 "고생"이다. 그 고생 때문에 인생이 화려한 시대가 지연될 뿐이다. 누구에게나 고난의 시기가 있다. 그것은 인생에 있어서의 하나의 리듬이며, 꽃 피는 시기를 준비하는 것이기도 하다. 어떤 사람은 그것을 무리하게 피하고자 한다. 추위, 즉 괴로움을 단순히 불운이라고 도망칠 필요는 없다. 굴복해서도 안 된다.

봄바람 | 일본인이 춘풍을 "폭풍과 같이 느끼는 것"이라고 한다면 대조적으로 한국의 "봄바람"은 사람들의 마음에 조용히 연정을 일으키는 로맨틱한 것이다. 한국의 봄바람은 살랑살랑 거리고 바람기나 연정을 의미하는 점이 많으나 일본의 봄바람은 무섭다. "봄의 일 번지"라는 바람은 매우 세게 분다. 바람은 사람의 마음을 다이나믹하게 해 준다.

꽃봉오리는 기쁘고, 꽃은 아름답다. 기온이 낮은 관계로 벚나무가 좀처럼 개화하지 않고 봉오리가 때를 기다리고 있다. 봉오리가 기쁜 것은 단 한 개의 분재를 키우는 사람은 동감할 것이다. 몇 년 전 구입한 작은 분재가 시들어 가서 마지막 한 가지밖에 남지 않았더니, 가지 끝에 초록의 싹이 보였다. 소생하는 예조豫兆다. 그 생명력에 감동하고 기뻤다. 봉오리는 생명력의 상징이다. 고목에 꽃이 핀 것 같이 기쁘다. 예년보다 벚나무의 개화가 늦은 가운데 여기저기서 입학식이 거행된다. 학생들은 인생의 봉오리다.

일본에서는 벚꽃(사쿠라)맞이를 요란하게 한다. 벚꽃 소식에 이어서 꽃놀이가 전국을 휩쓴다. 내가 사는 맨션 부지에 있는 큰 벚나무가 화려한 만개를 할 때 일본 전체가 떠들썩하다. 꽃놀이를 하는 문화는 좋지만 꽃을 이데올로기화하는 것은 좋지 않다. 해방 전의 일본 제국은 국어교과서에서 "사쿠라, 사쿠라 …"를 가르치고, 진무神武천황 기념일에는 식민지 조선에 벚나무 등을 기념식수했다. 일본의 국화이었다. 일본의 사쿠라가 유명한 곳은 요시노야마이다. 어떤 일본인 독지가는 그것을 본 따 "전주 요시노산"을 만들기도 하였다.

해방이후 한국에서는 일본을 상징하는 나무라고 하여 사쿠라를

베어버리거나 소나무로 대체하였다는 뉴스를 들은 적이 있다. 그런데 식민지의 학설이기는 하지만 사쿠라의 원산지가 한국 제주도濟州島라는 것 때문에 살아남은 곳도 있다. 꽃은 어떤 특정 국가의 것이 아니다. 꽃말 정도는 좋으나 지나치게 국가적 상징물로 독점하려고 하는 것은 좋지 않다. 사쿠라 전선이 지나간 뒤에는 아무런 꽃도 힘을 잃은 듯 주목되지 않는다. 그러나 꽃은 연이어 피고 있다. 등나무 꽃이 만개한다.

들장미 | 내가 사는 곳에 백색이나 담홍색의 들장미가 만개하고, 초여름을 알리는 향기가 충만하다. 들장미의 "들"은 야생의 자생이라는 것, 즉 야생 장미를 가리킨다. 한국에서는 그것이 상품화될 정도로 귀한 것이 아니지만 이곳 일본에서는 들장미를 재배해 꽃집에서 팔고 있다. 들장미가 활짝 핀 들판, 한국, 고향을 생각한다.

열매가 빨갛게 익고, 한방의 약재로도 쓴다. 나는 이 길을 걸으면서 야생의 꽃과 향기에 흠뻑 젖는다. 벼랑에 피어 있는 들장미를 자르려고 하다가 가시 덩굴에 찔렸다. 들장미는 가시가 있어서 찔레꽃이라고도 한다. "찔레꽃 붉게 피는 남쪽나라 내 고향"이라고 하는 노래를 그냥 떠올린다. 들장미는 일본에서보다는 한국에서 더 어울리는 것 같다. 야생의 꽃이라고 감동이 없는 것은 아니다. 거기에 꽃말을 붙이거나 노래의 가사 등으로 의식화되면 언젠가는 들장미 축제 꽃구경花見으로 떠들썩해질 것이다. 그렇게 되기 전에 이렇게 적적하게 피는 야생의 꽃에서 순수한 미를 발견하는 것도 좋을 것이다.

합환목 | 초여름에는 네무노키라는 꽃이 핀다. 거의 야생의 것이고, 나무의 이름을 알지 못하는 사람이 더 많다. 나의 은사 임석재 선생님의 안암동 자택 정원에는 큰 합환목合歡木이 있어서 택시 운전사에게 큰 나무가 있는 집으로 가자고 할 정도로 알려져 있었다. 내가 히로시마廣島에 살고 있을 때 정원에 그 나무를 심었는데 어느덧 지붕까지 키가 자랐다. 이 나무의 꽃은 산뜻한 핑크빛이며, 귀부인과 같은 자태가 있다. 낮에는 뙤약볕에도 열대 식물의 끈기를 보이지만 밤이 되면 힘없이 나뭇잎이 시들어버린 것처럼 깊은 잠을 잔다. 나의 선생님은 이 나무가 밤에는 부부가 사이좋게 함께 자기 때문에 합환목이라고 설명했다. 그래서 이 나무를 정원에 심으면 가정이 화목하다고 한다.

계절에 민감한 꽃의 화분을 실내에 놓아야 할 계절이 되었다. 방이 온실처럼 된다. 중에는 30센티 정도의 병약한 열대 관상목의 묘목을 사서 키웠는데 이름도 잊었지만 잘 성장해서 나의 신장을 넘어서 천장에 부딪칠 만큼이 되었다. 꽃집에서 이 정도로 큰 것의 값이 묘목보다 수십 배나 된다고 해서 나는 곧 꽃 장사로 성공할 것 같은 자신감이 솟아났다.

일본에는 꽃의 피해도 크다. 꽃가루 알레르기가 대단히 유행한다. 일본 이외의 다른 나라에서는 거의 없는 현상이다. 꽃가루 알레르기는 한국이나 중국에는 없다. 일본적인 유행병이다.

임석재 선생님(오른쪽)

꽃향기 | 꽃의 향기를 안다는 것은 최고의 멋이다. 가을은 금목서金木犀의 향기로 알려진다. 이십여 년 전 우리집 정원에 금목서의 나무를 심었다. 꽃이 피고, 향기가 강하게, 오래 계속되어 집 안팎으로 종일 향기 때문에 참을 수가 없었다. 할 수 없이 많은 가지를 전지翦枝하지 않을 수 없었다.

아무리 좋은 향기라도 너무 강하거나 오래 지속되면 견디기 어렵다. 세탁할 때, 화장실에서, 화장할 때, 약품 등에서 향기를 과잉하게 사용하고 있다. 화장품 중에서도 향수가 고차원의 것이다. 그런데 향수가 일반화되어 너무 남용되고 있다. 땀내 나는 것이 보통인 것 같은 운동선수에게서도 향수의 향기가 강하게 나오는 경우도 있다.

단풍 | 일본에서도 단풍맞이가 행하여지고 있다. 히로시마廣島의 미야지마宮島의 단풍의 경치는 일본의 삼경의 하나라고도 한다. 사쿠라의 꽃맞이처럼 특정한 나무에 한한 것이 아니고, 하나의 숲이거나 산이나 전국적으로 대상이 된다. 그러나 한국의 산에 비하여 일본의 단풍은 많이 뒤진다. 낙엽수만이 아니고 상록수가 많아서 단풍 일색이라는 인상이 적다.

일본에서는 고령자가 운전하는 차에 "단풍잎 마크"가 붙어 있다. 일반적으로는 "단풍 마크"라고 불린다. 단풍 마크는 귤색으로 노랗게 칠해 있다. 초심자 마크(새잎 마크)인 초록색과는 구별된다. 고령자를 인생의 황혼의 외로움을 가리킨 단풍에 비유한 것이라고 고령자 자신이 저항감을 가지고 있기도 한 것 같다. 단풍에 대한 부정적인 이미지 때문일 것이다.

단풍이란 식물이 낙엽되기 전의 색이다. 식물의 입장에서는 추운 겨울을 준비하는 힘든 단풍의 과정이라고 보고, 그것을 인간이 아름답게 생각하는 것은 인간 제멋대로의 느낌이라고 생각한 적이 있고, 그렇게 쓴 적도 있다. 즉 식물이나 자연현상을 인간이 형편에 맞춰 해석한다는 것이다. 나의 오랜 친구인 히로시마廣島대학 시절의 동료이며 미학 박사인 가나다金田晋씨에게 그것을 미학의 근본 문제로 제기하였다. 그는 단풍이 인생의 황혼이라고는 하는 것도 "경험과 경륜의 꽃처럼 아름다운 색을 발산할 수 있지 않겠느냐"라는 것이다. 나의 부정적 시야를 수정하게 만들었다. 즉 단풍마크는 아름답고, 의미가 깊은 심벌마크라고 생각하게 되었다.

단풍 구경 | 대형 버스 투어로 당일치기 단풍구경을 다녀왔다. 감나무에 발갛게 익은 감이 달린 채 있는 일본의 늦가을의 풍경이 들어오고 있다. 버스 창문으로부터 보이는 감나무를 보면서 "왜 따 먹지 않을까?"라고 생각하면서, 아깝기도 하고 먹어 보고 싶기도 했다. 이런 홍시가 노인의 기호품이라 하는데 나도 감을 보면서 노인이 된 것이 아닐까라고 자각하게 되었다. 맛있는 과실이나 나무 열매가 들어 있는 것은 새들이 그것을 먹고 씨앗을 전파시키라는 메시지가 담겨 있다.

우리 부부가 탄 버스는 45명 정원에 만석이었다. 20명, 7명, 4명, 3명, 2명 등의 참가 그룹으로 구성되고 있다. 20명의 그룹 안에도 몇 갠가로 나뉘어져 있다. 완전히 긁어모은 사람들이다. 그룹 이외의 사람과 전혀 말을 나누지 않는다. 왜 재미없는 단체여행의 버스가 만석일까. 경제적 효율 때문이라고만 생각된다. 한국인이나 중국인, 세계 어느 민족보다도 일본인은 비사교적이다. 인권과 프라이버시만 강조한 나머지 여러 사람과의 커뮤니케이션을 거의 무시한 사회이다.

꽃을 바치는 마음 | 버스정류장에서 꽃을 가지고 있는 할머니가 있었다. 그녀는 백합과 카사블랑카, 국화 그리고 멜론을 가지고 있었다. 꽃의 가격을 물어 보았다. 이외로 다른 가게보다 비싸다. 그러나 값은 문제가 아니라고 말하면서 남편의 무덤에 참배하러 간다고 한다. 남편의 연금으로 생활하고 있으므로 감사의 마음으로 첫물에 수확한 멜론을 바치려고 가져간다는 것이다. 남편은 공장에서 일을 했었고 시청에서도 지방공무원으로 근무했으므로 그 연금은 그다지 많지 않지만 일단 그것을 의지하여 살아간다고 한다. 연금을 받게 해 주어서 감사하다며 죽은 남편을 그리워하는 표정을 지었다. 일반적으로 큰 재산을 상속받아도 감사를 느끼지 않는 자손이 많은데 참으로 마음이 예뻐 보였다.

내가 사는 곳을 사랑하는 마음은 자연에 대한 것으로부터 시작된다. 즉 나의 취미라고 하면 "꽃꽂이"라고 할 수 있다. 개를 데리고 아침 산보 길에서 야생의 꽃이나 가지를 조금 꺾어다가 화병과 장소에 어울리게 아름다움을 살리는 정도이다. 그것으로 한결 계절감이 방에 가득해지고 흐뭇해진다. 누구에게 보이기 위한 것은 아니고, 기껏 아내에게 보여 줄 정도로 만족한다.

나의 취미는 꽃꽂이 | 내가 꽃꽂이에 관심을 가지게 된 것은 1960년대 말경, 내가 근무한 문화재관리국 사무소 앞에 김정순 꽃꽂이 강습소에서 강습하는 것을 옆에서 지켜 본 것이 고작이다. 그 후 꽃꽂이에 관심을 가지게 되었다. 일본 유학 시절에 유학생들과 합숙 여행을 한 적이 있는데, 아침 산보를 하고 돌아오는 길에 야생화를 잘라 만든 꽃꽂이를 식탁에 놓은 것이 의외에 큰 호평을 여학생들로부터 받은 것이 크게 고무되어 용기를 얻게 된 것이다. 꽃꽂이의 책을 읽고, 전시회 등을 보면서, 학회와 교회 등에서도 꽃을 꽂았다.

일본말로는 이께바나 즉 생화生花의 꽃을 살린다는 뜻이다. 가지를 자르면서 살린다는 것은 모순이지만, 꽃을 아름답고 생기 있게 하는 점에서 살린다는 의미로 알게 되었다. 화분의 장미는 그대로라도 예쁘지만, 그것을 그대로 두지 않고 잘라야 사랑의 선물이 되는 의미가 바로 그렇다. 꽃을 자르는 것은 새로운 가치를 만들어 내기 때문이다. 인간관계도 때로는 자를 경우에 새롭게 살아날 수 있다.

나의 꽃꽂이

꽃꽂이 당번 | 우리 부부는 교회에서 한 달에 한 번씩 꽃꽂이 당번을 한다. 꽃을 살 틈이 없었다. 시장은 이른 아침 열린다고 생각해 갔지만 꽃집은 닫혀 있었다. 몇 군데를 확인했으나 살 수 있는 곳이 없었다. 러시아에서는 꽃집이 24시간 영업하고 있는

목사취임식에 단상을 장식한 나의 꽃꽂이

것을 상기했다. 일본의 도회지에서는 꽃도 자동 판매기에서 판매한다고 하지만 여기는 그런 곳이 아니다. 교회 정원에 피어 있는 빨간 장미와 이름도 모르는 붉은 차색의 꽃, 그리고 소철 잎, 금귤의 가지를 잘라 꽂았다.

서양의 기독교회에는 없는 일본적인 것이다. 불교의 사찰에서는 꽃이나 조화를 제물로 바치지만, 기독교회에서 꽃꽂이는 장식에 불과하다. 서양의 교회에서 음악이 만들어진 것처럼 일본의 불교에서는 꽃꽂이라는 예술이 생겨난 것이다. 나는 꽃꽂이를 통해서 마음의 수련을 하고, 사회에 꽃처럼 아름다운 메시지를 보내고 있다.

백자 화기 한복판에 백합과 장미를 중심으로 주변에 국화의 꽃을 꽂고, 나뭇가지로 선을 늘여 옆을 처리했다. 전날 밤에 꽂고 수정하면서 밸런스를 잡고, 건조되지 않도록 난방과 습도를 조절하였다. 그리고 예배 전에 단상에 바쳤다. 의외로 만족하고 교인들의 평판도 좋았다. 이 교회의 120년 역사상 남성이 꽃은 것은 처음이라는 찬사를 받았다.

건강과 환경

죽음은 자연스러운 것 | 나는 술 담배를 하지 않는다 | 낙천적인 사람이 장수 | 누구나 늙는다 | 인삼 | 병문안 | 감기 | 귀머거리 | 죽어가는 사람들 | 생명력 | 병원과 화장터 | 병을 자랑하라

5
건강과 환경

죽음은 자연스러운 것 | 온난화란 말을 유행처럼 퍼뜨리는 무더위 여름이 지나고 가을도 짧고, 겨울이 되니 유난히 추웠다. 바다를 보면서 살다보니 계절감이 둔감해진 것 같다. 베란다에 놓아둔 벚나무의 나무에서 제철도 아닌데 꽃이 피었다. 식물도 계절감이 없어진 것일까. 단지 흐르는 시간에 맡기고 있는 것 같다.

일본의 유명한 생화학자인 나카자와中澤敦씨와 오래 담화를 나누었다. 그에 의하면 지구에 생물이 존재하게 된 것은 태양이 폭발해서 우연히 수증기와 이산화탄소(Co2)가 발생해서 식물이 나타난 것이고, 산소가 발생해서 생물이 나타났다고 한다. 인간이 태어난 것도 대단히 우연한 것이며, 결국은 천체의 움직임에 의해 지구는 간단히 멸망하기도 할 수 있다. 고등한 인간의 문화라고 해도 천체의 움직임에 따라서는 한순간에 멸망할 수 있다. 천체 안에서 인간의 문화는 그다지 의미를 가지지 못한다.

"지구가 멸망하거나 생물이나 사람들이 죽는 것도 지극히 자연스러운 것"이라고 그는 말한다. 지구는 반드시 멸망한다. 그것은 자연현상이다. 인간의 죽음도 자연스럽게 맞이할 준비를 하지 않으면 안 된다고 생각했다. 건강하게 오래 살고 싶은 것은 인간의 가장 보편적인 행복의 목표이다. 어떻게 하면 건강하게 살 수 있을까.

나는 술 담배를 하지 않는다 | 술 담배가 건강과 관련해서 이야기 되고는 한다. 그러나 별로 차이가 없는 것 같다. 무슨 특별한 신조가 있어서 그런 것은 아니다. 단지 젊은 시절 친구들의 강한 권유에 과음한 적이 있다. 그때 목숨이 위험한 상황이 된 이래 알코올의 알레르기와 고약한 기억이 있어서인지 자연스럽게 좋아하지 않게 되었다. 유교제사에서 헌배할 때에 일본의 술(정종)이 사용된다. 한국에서는 술을 마시지 않는 사람이 사회적 관계에서 손해를 본다는 말이 있다. 술과 담배를 하지 않는 사람이라면 무슨 교조주의적敎條主義的 크리스천으로 여기거나 인품이 까다로운 것으로 여기는 사람도 많다. 술을 좋아하지 않으므로 술을 먹게 되는 회식이나 주연 등을 피하게 되니 사교적으로 결함이 생기기 쉽다. 음주나 흡연은 인간관계를 부드럽게 하는 사회적 기능이 있는데 나는 늘 손해를 본다고 생각한다. 내가 인간관계에서 어려웠던 것을 지금 회고하건대 술을 마시지 않은 것에서도 크게 기인하고 있다고 생각한다.

물이 든 담뱃대

애주가인 사람이 음주운전 등으로 사회적인 트러블을 일으키는 경우도 있다. 1920년대 미국의 청교도 중심으로 금주운동이 일어난 것은 술이 범죄의 근원이라고 생각했기 때문이다. 그러나 술이 없다고 범죄가 없는 것은 아니다. 폭음하면 술이 마약에 가깝지만 잘 마시면 백약의 왕이 될 것이다. 결국은 자기관리 능력으로 돌아간다.

담배는 세계적으로 넓은 흡연문화권을 형성하고 있다. 한반도에 담배가 나타난 것은 조선 중기로서 역사적으로는 비교적 새로운 문화라 할 수 있다. 당초에는 남녀노소가 즐겼지만 차츰 젊은 사람이 윗사람 앞에서 금연함으로써 자연스럽게 노인의 기호품이 되었다. 한국에서는 노인 앞에서는 담배를 엄격하게 삼가고 있다. 한국의 기독교에서는 담배를 종교의 신조에 의해 금연하고 있다.

낙천적인 사람이 장수 | 당뇨병을 지병으로 앓고 있는 어떤 고령의 여인이 발렌타인 초콜릿을 잘 먹는다. 내가 그것을 곁에서 보고 웃으니 그녀는 "당뇨를 걱정하지 않고 먹는다"고 한다. 내 친구의 명언(?)을 생각났다. 그는 큰 회사의 사장이었지만 40대에 중풍으로 쓰러져 반신불수로 70세 가까이 장수(?)를 했다. 그가 하는 말 "의사의 말을 그대로 믿었으면 벌써 죽었을 것이다"라고 했다. 그는 술은 끊어도 담배는 그만두지 않았다. 나는 그가 좋아하는 담배를 선물로 주고는 하였다.

이 두 사람의 사례로 볼 때, 즉 지병을 가지고도 장수하는 두 사람의 경우, 장수비결은 "낙천적인 성격"이 공통된다는 것을 알았다. 담배가 건강상 금연이 된 것은 서양에서다. 처음에 군대의 집단생활에서 건강상 좋지 않다는 의사의 진단에 의해 금연하게 되었다고 한다. 담배를 피우지 않는 사람보다 피우는 사람이 폐암에 걸리는 정도가 6배나 높다고 한다. 그러나 그 간접적인 담배연기의 피해도 크다고 한다. 담배는 마약의 정도까지는 아니라고 하여도 건강상의 폐는 마약과 비슷하다.

연기를 들이키는 문화는 세계적으로 널리 분포되어 있다. 특히 샤먼(무당)들은 마약성이 식물의 액이나 연기를 마시어 접신(신을 만나는)하는 경우가 많다. 남미의 원주민 샤먼들은 마약성이 있는 식물이나 버섯을 달여서 마시고, 인도네시아에서는 연기를 흡인해서 신을 맞이한다.

누구나 늙는다 | "곱게 늙는다"는 말이 있다. 여러 가지 욕망에서 풀려나 정말 자유로운 인간이 되는 그런 사람을 말하는 것이다. 세속의 욕망으로부터 벗어나 신선처럼 살자는 삶의 태도일 것이다. 한편 긴 과거를 가지고 있고, 젊은이에게 풍부한 경험을 살려서 조언을 할 수 있다. 늙음을 "낡은 사람"이라고 비참하게 받아들이는 사람도 있다. 늙음의 생활은 병에 걸려 쉽게 쇠퇴하는 등 비참한 생활일지도 모르지만, 좋은 측면도 있다. 나 자신도 노인 생활을 할 나이가 되었다. 노인의 문제는 노인만의 문제는 아니다. 누구나 나이를 먹게 되기 때문이다. 보통 젊어서는 노후를 별로 생각하지 않지만 노후는 반드시 맞게 된다.

나이가 들면서 계단 오르기가 싫어서 엘리베이터나 에스컬레이터를 찾는다. 계단을 2단씩 뛰어다닌 내가 이렇게 된 것에는 단지 나이의 탓만은 아니다. 젊어서 노후를 생각하지 않고 운동을 소홀히 한 데에도 있을 것이다. 사회 복지의 많은 부분은 노후복지이다. 야마다간토山田寬人씨가 귀중한 이야기를 보내 왔다.

그가 대학생 시절 뇌성마비의 여자아이의 가정교사를 하고 있을 때이다. 그 아이가 다니고 있던 교회가 신축되게 되고, 이층 예배당에 엘리베이터를 설치할 것인가 말 것인가에 대한 오랜 논의가 있었다. 한 사람의 장애인을 위해서 엘리베이터를 설치하는 것이 필요하겠는가라는 반대 의견도 있었지만 결국 엘리베이터를 설치했다. 몇 년 후 집회 때 엘리베이터의 설치에 반대하였던 사람들이 "우리들은 모두 엘리베이터의 설치에 반대했으나 지금 엘리베이터가 없으면 이층의 예배당으로 오르기에 힘들게 되었다. 자신도 나이를 먹으면 계단을 오르기 어렵게 된다는 당연한 미래를

나도 장승처럼 늙은 것 같다. 우리 부부가 전남 해남의 대흥사에서.

예측할 수 없었고, 반대한 것을 반성합니다."라고 했다는 것이다.

일본에는 오바스테야마姨捨山 전설이 있다. 이와 비슷한 전설이 한국의 "고려장高麗葬"전설이다. 아버지와 아들이 할아버지를 산에 산 채로 버리고, 아버지가 할아버지를 져 날랐던 지게도 버리고 돌아가려고 하자 그의 아들이 그 "지게를 갖고 가고 싶다"고 하였다. 다음에 아버지를 버리기 위해서 필요하기 때문이라는 것이다. 무서운 메시지가 이 전설 안에 담겨져 있다.

인삼 | 예로부터 한국의 고려 인삼은 신비로운 약효가 있는 것으로 유명하다. 일본에서도 한국 인삼에 대해서는 신비력을 느끼고 있는 것 같다. 지금 젊은 일본인들은 쓴 맛이나 냄새 때문에 그다지 좋아하지 않지만 그래도 체질에 맞는다고 하는 일본인도 많아서 좋은 선물이 되고 있다. 고려 인삼은 아직도 해외에서 인기 있는 선물의 품목이다. 일본에서도 생산된다. 그러나 같은 인삼 뿌리라도 한반도 이외의 곳에서 재배하면 무 맛 밖에 나지 않는다고 한다. 맛보다는 장식이나 기분으로 받는 사람이 더 많다.

한국으로부터 자주 인삼을 선물로 받는다. 그들은 인삼의 신비스러운 약효를 설명하고는 한다. 그러나 나는 약효를 느낀 적은 없고, 인삼도 한약처럼 느껴져 별로 선호하지 않는 편이다. 나는 늘 "밥이 인삼(보약)이다"라는 어머니의 말을 상기하면서 거의 인삼의 약효를 기대하지 않는다.

그런데 어느 날 나는 어떤 손님으로부터 받은 고려 인삼의 엑기스를 마셨다. 얼마 전에 감기로 기력을 상당히 잃은 다음 기관지의 이상이라는 진찰을 받은 것 때문인지 나는 그 신비력을 기대하게 된 것이었다. 나이가 들면서 기호품이 아니라도 약효나 신비함을 추구하는 것은 나만이 아닐 것이다.

병문안 | 나는 비교적 건강해서 병원에는 문 앞에도 거의 가지 않았으나 어제는 진찰을 받기 위해서 병원에 갔다. 기다리는 시간이 길었다. 진료실 앞의 대합실은 이미 만석이었다. 모두가 정리 번호로 불린다. 대합실의 풍경은 내가 생각하고 있는 병원과는 달랐다. 곰곰히 생각하고 또 객관적으로 보아도 환자로서 느껴지는 사람은 볼 수 없기 때문이다. 은행의 대합실과 다를 것이 없다. 오히려 부부나 가족들이 데리고 와서 그런지 은행보다도 분위기가 좋다고 생각했다.

아프거나 병이 나면 필사적으로 병원을 찾으면서 평소에 건강의 이상을 느끼지 않고 병원을 찾아 검진을 받는다는 것은 용기가 필요하다. 심전도 검사를 받을 때, 여성 기사가 나를 침대에 누우라고 하고 두 번이나 "편하게"라고 말한다. 단 두 사람만인데 침대에 누워서 그것도 상당히 신체를 노출하고 있는데 그녀는 나에게 "편하게"라고 말하는 것이 왠지 우습기도 했다. 일순 곤란했다. 드라마나 영화 등에서 의사가 죽어 가는 사람을 진단하면서 "편하게"라고 하는 것은 잔혹할 정도이다. 의사 등은 간단히 "힘을 빼라고"하거나 "편하게"라고 하지만 받아들이는 쪽으로서는 간단하지 않다. 편하게 죽을 수 있을까. 아픔과의 싸움이나 "치유"라는 자기 자신과의 싸움의 원점이다. 그것은 단지 아픔과의 싸움이 아니다. 마음의 싸움이기도한 것이다. 병은 사람을 생각하도록 자극 시킨다. 특히 중병이나 죽음을 앞둔 사람은 자신과의 싸움에서 고독함, 가족의 중요함, 자신의 인간관계의 질을 깊이 반성하기도 했을 것이다.

감기 | 감기를 "감기感氣"이라고 읽으면 기후나 계절의 병이라는 의미가 있다. "오뉴월에는 개도 감기에 걸리지 않는다"고 한다. 그러나 나는 여름에도 걸린다. 그것은 아마 아내가 간호사로 병원에서 일하면서 옮겨온 것일 것이다. 아내가 건강관리에 도움이 되는 때도 많지만, 병원에서 병을 날라 오는 위험성이 항상 있다. 지금의 감기는 완전히 병원에서 옮겨 온 것 같다. 왜냐하면 그 이유 말고 다른 이유를 생각하기 어렵기 때문이다. 물론 치과에서 오래 동안 치료를 받은 후에 쉬지 않고 강의한 것 등도 이유가 되었을 지도 모르지만, 역시 아내에 의해서 옮긴 것 같다.

의사나 간호사는 환자를 치료하면서 동시에 자신의 건강에의 위험과 싸우는 면이 있다. 아직 감기가 낫지 않고 있다. 부산釜山 출장의 귀로에 곧장 병원으로 향했다. 출장 전부터 감기 기운이 있었는데 고열 · 기침 · 목의 아픔 등이 계속되었기 때문이다. 혈액검사 · 뢴트겐 검사를 받고 귀가했다. 젊지 않은 자신, 체력 저하의 자신을 분명히 자각하였다.

감기에는 일정한 프로세스가 있어, 지금은 최종단계일지도 모른다. 평소 죽는 것은 생각해도 그것은 건강과 장수가 전제로 되고 있다. 그러나 이번의 감기에서는 죽는 것의 우려는 느끼지 않는다. 죽음을 인정하게 되었다.

독자에게서는 과장되게 말하고 있다고 들릴지도 모르지만 병을 통해서 건강한 것에 감사하거나, 죽음에 대한 우려를 느끼게 될 것이다. 그러나 이번의 감기에서는 죽음을 인정하는 전기가 되고 있다. 왠지 모르게는 모르지만 병을 통해서 사람은 성숙해 가는 것일지도 모른다.

귀머거리 | 나는 10년 전 돌연 양쪽 귀가 완전히 들리지 않게 된 적이 있다. 다행히도 한 쪽이 회복되어 현재 한 쪽에 보청기를 사용하고 있다. 스스로 진단하건데, 젊은 시절의 오랫동안 결핵 치료를 위한 복약과 전쟁 중 방공호 안에서 실탄을 쏘았던 총성 등에 의한 것이라고 생각해서 치료를 단념하고 있다. 처음 들리지 않게 되자 실망이 여간하지 않았다. 베토벤을 생각해서 크게 위로되기는 하였다. 나는 아직도 한 쪽의 귀가 잘 들리지 않는다.

완전 맹인의 피아니스트인 노부유키伸行(20)씨가 국제 피아노 콩쿠르에서 일본인으로서 첫 우승했다. 그것도 크게 위안이 되었다. 아마 헬렌 켈러를 상기하는 것이 좋을 것이다. 장애자의 신변에 있는 사람의 존재도 상상한다. 그녀의 가정교사의 캐서린을 생각해 본다. 그들이 재능을 발휘할 수 있던 사회 환경도 생각하지 않으면 안 된다. 나는 그래도 아직 한 쪽의 귀가 잘 들리지 않는가.

죽어가는 사람들 | 아내로부터 병원에서 죽어가는 사람의 이야기를 많이 듣는다. 인상적인 것은 죽음을 받아들이는 방법에 관한 것이다. 어떤 병원에 기독교의 목사와 가톨릭의 신부가 암으로 입원했다고 한다. 두 사람은 종교자란 이유로 알려주었으면 싶다고 희망이 강했으므로 병원은 암이라는 것을 알려 주었다. 목사는 죽음을 맞이하기 위한 정리를 했으나, 신부는 병실에서 뛰어 내려 자살을 했다고 한다. 그 말을 듣고 나는 죽음을 맞이해서 어떤 태도를 취할지 자신이 없다. 이제부터라도 죽음을 맞이할 마음의 준비를 하지 않으면 안 된다고 생각한다.

서울에서 고등학교 동급생이었던 친구에게 전화를 걸었다. 암으로 수술을 했다고 한다. 나는 놀라고 낙담했다. 그는 젊은 시절, 신문 기자를 사임하고, 출판사를 차려 월간 잡지 등도 간행하는 등 사원 100명을 두는 큰 출판사로 키웠다. 나도 그 회사에서 몇 년 전에 한 권의 책을 출판했다. 나는 그의 병을 내 자신의 것처럼 받아들이고 있다. 그것은 친구일 뿐만 아니라 또 하나는 동 연배라는 것에서 비롯된다. 친구를 여의거나 병든 이야기를 듣는 때마다 자신의 건강과 인생을 뒤돌아볼 뿐만 아니라, 그들과 같은 시대를 살아 왔다는 감회를 회상하고는 한다.

생명력 | 서울 여행 중 호텔에서 80세의 생일을 축하해 드린 적 있는 무라오카 요시코씨가 돌연 입원해서 큰 수술을 받았다. 예배 시간에 그녀의 결석은 큰 공백이었다. 목소리도 크고, 교회에서는 오르간 반주를 담당하고, 리더 역을 하던 그녀가 없었기 때문이다.

병문안을 갔다. 그녀가 면회실에 걸어서 나타나더니 수술의 과정과 회복 과정의 아픔을 당당하게 늘어놨다. 수술의 성공을 위로하면서 그녀의 빠른 회복에 감탄하였다. 집도했던 의사가 그녀의 장을 잘라 연결하는 수술이 성공적이라고 말하면서도 빠른 회복의 여부는 순전히 환자의 몫이라 한다. 즉 그 장이 연결되는 것은 그녀의 생명력, "낫는 힘"에 의한 것이다. 의학이나 인술의 발전에 놀라면서도 80세가 되어도 생생한 생명력에 감동하였다. 그러나 요시코芳子씨는 최후까지 나에게 얼굴을 마주 대하지 않고, 자신의 여윈 여자의 얼굴을 남자인 나에게는 보이지 않으려는 듯 옆얼굴만 보이고 사라졌다.

병원과 화장터 | 한국 인천仁川에는 사할린 영주귀국자의 고령자 복지 병원이 있고, 그 옆에 화장터가 있다. 어떤 노인은 그것에 대해서 편리해서 좋다고 말했다. 또 병원에 장례식장도 겸해지고 있다. 병원에서 죽고, 옆에서 태워지는 것이 잔혹하기도 하고, 편리하다고도 할 수 있다. 병원은 히포크라테스의 말대로 생명을 다루는 곳이지, 죽음을 다루는 곳이 아니다.

어제 내가 다니는 병원의 옆에 묘석집이 나열해 있으므로 들여다보았다. 묘석과 함께 석재의 골프채와 개의 상이 눈에 띈다. 영국의 교회 무덤에서 개의 동상을 본 것을 상기한다. 일본은 영국처럼 애견의 나라이다. 골프를 좋아하는 사람도 많다. 지난 주 골프가 취미라는 고령자에게 "골프가 왜 즐겁습니까"라고 질문했다. 그는 웃으면서 "해 보세요"라고 하였다. 나는 인생의 즐거움을 많이 손해보고 있는 것 같다.

병을 자랑하라 | 동경대학에서 열린 암 연구의 심포지엄에 패널로 참가하여 방송인으로 유명한 에이 로크스케永六輔씨, 동경대학의 마나베 교수와 연단에 앉아 담화를 하였다. 에이씨는 "좋은 환자"의 조건으로 열 가지 항목을 밝혔다. 시간을 지키는 환자, 의사에게 복종하는 환자, 다른 사람에게 병에 대해서 말하지 않는 환자, 대합실에서 병원이나 의사에게 불만을 말하지 않는 환자 등 가지각색이다.

한국에서는 "병을 자랑하라"는 속담이 있는 것을 가지고 반론을 하였다. 병을 숨기지 않고 사람들에게 말하면, 들은 사람이 함

동경대 암센터 소장(왼쪽), 방송인 에이씨(가운데)와 함께 건배

께 걱정할 뿐만 아니라 여러 가지 약방문을 가르쳐 주는 습관이 있다. "이러한 환자는 나쁜 환자냐"라고 질문해서 논의가 되었다.

나는 매월 정기적으로 병원에 간다. 진료시간을 지키고 의사를 신뢰하며 존경하고 병원에 불만을 말한 적도 없다. 인플루엔자 예방 주사를 맞았다. 맞기 전에 십 몇 항목으로 체크한다. 그리고 본인의 서명 난에 싸인 했다. 나는 스스로 "좋은 환자"라고 생각한다. 그런데 informed consent 즉 환자가 치료나 임상시험 · 치료의 효력의 내용에 대해 설명을 받아 이해한 뒤에(informed), 방침에 합의를 한다(consent)는 것이다.

의사에게 불만을 말하지 않으면 안 되는 세상이 된 것 같다. 의료소송도 많아졌다. 의사도 예전에 존경받았지 지금은 환자가 "손님"이며, 의료 과실 의혹으로 소송을 일으키는 무서운 존재라고 한다. 우리 자신들이 "곤란한 손님"이 되어 있지는 않은가? 그래도 나는 의사를 신뢰하고 존경한다. 결국 의사가 병을 고칠 수 있기 때문이다.

가르치면서

제자에게 사과 | 스승의 날 | 나는 VIP | 소인수 교육 | 강의실 해프닝 | 노벨상 | 조선학교 | 안식년 | 긍정적인 사람 | 학교에서 배우는 것이란

6

가르치면서

제자에게 사과 | 오키나와에서 심포지엄은 늦어지고, 기다리고 있던 중 일본 센슈專修대학의 히구치 아쓰시 교수가 나에게 어떻게 해서 그 많은 제자를 기를 수 있었는가, 그 비결을 들려달라고 했다. 아마 나의 학생들 가운데 우수한 사회인이 많이 배출되었고, 특히 대학의 교원, 또 많은 연구자가 나와서 한국이나 일본에서 활약하고 있고 기업의 사장, 기타 여러 직종에서, 각각의 위치에서, 리더로서 활약하고 있기 때문일 것이다. 그 성과는 나의 기대이상이다.

후회하는 일도 많다. 특히 젊은 시절 학생들에게, 지나치게 엄했던 것을 후회한다. 학생운동이 심할 때 어떤 학생 리더를 몹시 꾸짖은 적이 있다. 그 후 그는 내 앞에 다시 나타난 적이 없다. 나는 그가 졸업한지 20여년이 되어도 항상 그가 마음에 걸렸다. 내가 그의 모교에서 강연을 하게 되었을 때, 그에게 연락하여 참가하도록 부탁했다. 과연 그 강연회에 그가 참석했다. 나는 그에게 악수를 청하면서 옛날 일을 사과했다. 제자에게 사과하는 것이야말로 어려웠다. 그것은 화해를 위한 투자이고 용기라고 생각했기 때문에 행한 것이다.

스승의 날 | 5월 15일이 "스승의 날"이라고 한국의 몇 몇 제자로부터 안부 전화가 걸려왔다. 기억해 주고 있는 것만으로도 감사하였다. 그런데 일방적으로 선생 대접을 받을 수 있을까하는 생각이 들었다. 나는 선생인 동시에 제자이기도 하다. 사제 간의 관계는 일방적인 상하 관계는 아니다. 같이 늙어가는 동반자들이다. 나는 그들에 의해 떠받쳐지고 있다. 나야말로 옛날의 학생이었던 제자로서의 신분을 상기하고, 감사하는 날이 된다. 선생이 존경되는 것은 교육을 중요시하기 때문일 것이다. 스승이 존경되는 사회에서 선생은 권위를 가지며, 교육적 영향력을 발휘할 수 있다.

일본에서 스승의 이미지는 거의 약화되어 있다. 일본인 학자들은 사제 간의 관계가 이미 존재하지 않는다고 말한다. 그러나 나는 그렇지 않다고 생각한다. 나의 일본인 제자들은 어쩌면 한국인 제자 이상으로 깊은 관계를 지속하고 있기 때문이다. 히로시마대학 재직 중에 학생이었던 제자들이 어떤 연구회에서 사회자 · 발표자 · 코멘테이터이었다. 그것을 본 어떤 교수가 나에게 "마치 대학원 최 세미나와 같다"고 농담을 했다. 나는 그들이 훌륭하게 성숙한 것을 보고 기뻤다. 한편 나는 과거의 사람이 된 것 같은 기분도 없지 않았다.

정년퇴직하고 유유하게 생활을 하고 있는 사람을 만났다. 그는 나에게 사람을 보는 눈이 바꾸었다고 한다. 옛날 좋은 제자라고 생각했던 사람으로부터 아무런 소식도 없다는 것이다. 나의 은사의 『나무도 고목이 되니 오던 새도 오지 않는다』는 수필이 생각난다. 배신감조차 느끼고 있다는 것이다. 그런데 나는 호텔 로비에서 히로시마대학 재직 시절의 여자 제자가 찾아와 저녁 식사를 함께 하고 밤늦게 야간 고속버스로 돌아갔다. 나는 행복한 사람이라고 느꼈다.

나는 VIP | 요즘 아침 8시경이면 대학의 연구실에 도착한다. 대학에 있는 시간은 길다. 학생이나 동료, 외부 손님 등이 많이 찾아온다. 철학이나 문학, 고고학 등 여러 분야의 화제를 잇달아 바꾸면서 이야기를 하고 듣는다. 퇴근 시간은 일정하지 않으나 대개 버스를 이용하여 귀가한다. 버스를 기다리는 시간은 지루하다. 시간을 지킬 때와 늦을 때도 많다. 하차하여 도보로 20분 정도 걸린다. 그렇게 걸어서 귀가하는 적이 많지만 어떤 때는 나는 VIP처럼 이사장 · 학장 · 부학장 · 회장 등이 나의 집 맨션의 입구까지 태워준다. 나는 하차하면서 그들에게 농담으로 "나는 오늘 VIP에요"라고 한다. 많은 사람들은 매일이 VIP가 되도록 노력하는 것일지도 모른다.

소인수 교육 | 출생률 감소 현상에 의해 대학의 경영이 어려워지고 있다. 학생 모집은 물론, 질 좋은 학생들에게 엘리트 교육이 어렵다고 한다. 요즈음 학생은 "손님"이 되고 있어서 교육

이 어렵다. 주변의 많은 교원은 학생의 질質이 저하되고 있다고 운운云云한다. 나는 교원의 질이 더 큰 문제라고 생각한다. 나는 우선 대학생이 된 학생들에게 중/고등학교의 입시교육에 의한 편차치를 신용하지 않는다고 선언한다. 대학생의 수준은 그것으로 판단하지 않고 지금부터 삶과 공부의 태도에 그들의 성패는 달려 있다고 했다. "여러분은 우수한 소질을 가지고 있으며, 충분히 가능성이 있다"라고 용기를 주고 지도와 학습을 한다.

나는 교육적 입장에서 소인수는 인격적 교육이 될 수 있는 좋은 기회라고 여긴다. 큰 강당에 모아 놓고 지식을 주입하는 식의 강의는 의미가 희박해졌다. 소수 인원의 질 높은 교육을 하는 기회이며, 그렇게 해야 한다고 생각하고 있다. 중/고등학교의 수험공부 식의 성적에 의한 편차치는 그다지 신용하지 않고, 대학에서는 새로 전인全人교육을 하지 않으면 안 된다. 주입식의 교육을 하는 교원은 인터넷 교육으로 대체되어도 좋을 것이다. 인격을 만드는 교육을 해야 할 것이다. 사고하는 교육에서 학생은 훌륭하게 스스로 자란다. 대학은 출생률 감소 현상으로 경영이 어렵겠지만, 그것보다 교육의 질을 높이는 개혁이 필요하다.

강의실 해프닝 | 무엇보다 중요한 것은 학생을 존중하는 것이다. 강의실에서 해프닝이 발생했다. 수업 중 어느 여학생이 쓰러졌다. 이 여학생은 정신적 발작현상을 일으킨 것이다. 나는 순간 그녀를 안고, 안정시키는 처치를 했다. 갑작스런 광경에 학생들은 모두 당황하고 우두커니 서서보고 있었다. 일반적으로 일본

인이라면 이런 경우 긴급연락을 하여도 남에게 손을 대지 않는다.

4학년 여학생이 생후 2개월의 갓 난 여자아기를 데리고 왔다. 그 여학생에게 "이 아이는 누가 만들었는가"라고 엉뚱한 질문을 했다. 성희롱과 같은 말에 그녀는 어리둥절하고 있는 표정을 했다. "신이 점지한 것이다"라는 메시지를 설교처럼 말했다. 한 마리의 모기도 만들 수 없는데, 인간을 만드는 것은 더 더욱 불가능하다.

"사람은 사람을 만들 수 없다", "어머니는 애정을 가지고 아이가 자라도록 도우라", "어머니가 아이를 위해서 희생되는 것이 아니고 자기 자신도 발전하면서 성숙하여야 한다" 등등의 주문이나 기도가 교차하는 시간이었다. 그녀는 나에게 자기 아이를 축원해 달라고 한다. 나는 그 어린아이의 머리에 손을 얹고, 그녀의 말 대로 "선생님처럼 …", "선생님이상으로 …" 공부하도록 기원해 주었다. 나는 마치 목사나 아니 샤먼이 된 것 같았다. 나는 마음속으로 진심으로 빌어준 사람이 잘되는 것을 스스로 체험적으로 알고 있다. 왠지 모르게 샤먼을 연구하면서 스스로 무당에 가까워진 것이 아닐까라는 생각이 든다.

노벨상 | 일본에는 노벨상을 수상한 사람들이 많다. 학생들에게 그런 성공을 가르치고 싶으나, 진실로 성공이란 입신출세를 의미하는 것은 아니다. 부자가 되는 방법은 모르고, 관심도 없지만 성공에는 관심이 있다. 성공이란 무엇인가. 내가 젊을 때 읽은 카네기의 『사람을 움직이는 방법』이란 책을 다시 읽어 보았다.

"성실하게 일하면 부자가 된다고 하는 것은 오해다" 등의 말로 이어진다. 성실하게 일만 하는 것이 아니라 여러 체험을 통해야만 자기완성을 달성하는 것을 의미한다.

일본 학생의 학력저하가 작년에 이어 계속되고 있다. 교육 현장에 있는 나로서도 충분히 납득이 간다. 대개 공부하려는 동기가 느껴지지 않는다. 즐기는 것 · 맛있는 것 · 재미있는 것 등에 대한 동기는 아주 많다.

"즐거운 것"을 추구하는 것은 좋기도 하고 나쁘기도 하다. 입신출세를 위하여 경쟁하는 교육은 좋지 않다고 일본 학교 교육에서는 표창이나 경쟁을 극력 피한다. 그렇다고 입시, 입사 등에 경쟁이 없는 것은 아니다. 학교 교육과 사회가 괴리되어 있다.

교육에 의해 사회를 바꾸자고 한다면 경쟁을 피하는 것만으로는 충분하지 않다. 보다 적극적으로 남과 서로 협력하는 것을 강조해야 할 것이다. 일방적으로 경쟁과 능력주의를 배제하는 것은 위험하다. 학력저하라도 서로 협력하는 인간관계가 원만하게 되는 교육이라면 적극적으로 추진해야 할 것이다.

조선학교 | 나는 조선학교의 공개 수업이나 행사 등에 여러 번 참가하여, 재정적으로 어려운 이야기도 듣고 있을 뿐만 아니라 그 상황도 잘 알고 있다. 나는 조총련의 위원장이나 관계자들과도 이 점에 대해서 민족교육 중심은 그만둬야 할, 즉 김일성 등의 초상화를 내리고, 교과서나 커리큘럼을 일부 바꾸어 일본의 일반학교(교육법 1조에 해당하는 학교)가 되는 것을 권한 적이 있다. 그러

조선학교의 수업장면

면 일반 교육기관으로서 정부의 지원을 받을 수 있기 때문이다. 그러나 그들은 "조선학교를 일본학교로 해 주시오라고 하는 것인가"라고 격렬하게 나에게 반론하였다.

일본의 교육정책도 문제가 있다. 교육의 기본은 일본인이나 한국인이라고 하는 "국민"을 만드는 것이 아니다. 어느 쪽의 교육 시스템을 통해서도 "자연스러운 인간교육"이 되면 된다는 페스탈로치의 교육 사상으로 되돌아와서 생각해주었으면 싶다. 일본 외무장관이 북한의 정책은 "하나도 바뀌고 있지 않다"고 비난했다.

조선학교는 조국에도 열리지 않고 있다. "조선어"를 지키는 것이 최우선이라면서 2세, 3세가 가르치고 있어 한국어나 "조선어"와는 거리가 멀게 되어, 불완전한 북한이나 한국에서도 통하기 어려운 "재일동포 조선어"가 되어가고 있다. 왜 그들은 "조선어" 교육에 본국인을 채용하지 않는 것일까? 재일동포 "조선어" 교육이 조선학교 제일第一의 핵심이라고 하면서 더 이상 이런 식의 교육이 지속된다면 아마 "조선어" 교육은 실패할 수도 있을 것이다.

안식년 | 안식년으로 대만에서 조사를 하는 여성 학자로부터 문안 메일을 받았다. 그녀의 메일을 보면서 부러웠다. 나는 대학에서 40년 이상 근무했지만, 8회나 직장을 바꾼 관계로 안식년

을 한 번도 누린 적이 없다. 그녀는 직장이나 일에서 일시적으로 해방된 것이지만 보다 집중적으로 조사 연구하고 있다. 그런데 일본에 와 있는 어떤 사람은 안식년의 이용이 각양각색이다. 경제적인 혜택을 받고, 연구는 뒷전으로 돌리고 힘껏 즐기고 귀국하는 사람도 있고, 힘껏 연구하다가 가는 사람도 있다. 안식년이라는 제도가 연구를 중단시키는 것이라면 나쁜 제도라고도 생각된다. 인생에 있어서 모처럼 좋은 기회를 어떻게 보내느냐 하는 것은 그 사람의 삶을 결정할 것이다.

긍정적인 사람 | 성공 못하는 사람은 일에 부정적인 태도를 취하는 사람이다. 부정적인 사람은 긍정적인 성과를 달성할 수 없다. 성적이 나쁜 학생이 선생에 대한 평가가 부정적인 것을 보면 그렇다. 그것은 학생에게만 한하지 않는다. 물론 큰 것을 달성시키기 위한 힘을 발휘할 수 없기 때문이다. 부정적인 학생을 긍정적으로 변화시키는 것이 교육의 중요한 과정의 하나이다.

카네기가 주장하는 것처럼 긍정적 사고방식을 갖도록 하는 것이 중요한 교육이다. 사람을 축하해 주는 것도 긍정적인 태도의 하나이다. 칭찬이나 축하를 진심으로 하는 것은 간단하지 않다. 나는 원래 다른 사람을 칭찬하는 것에는 인색했다. 그러나 결혼식 등에서 신부신랑을 칭찬하다 보니 변한 것 같다.

어떤 사람은 인품도 좋고, 많은 지식을 소유하고, 외국어의 능력도 있는데 늘 실패한다. 여러 번 직종을 바꾸었으나 모두 경영에 실패했다. 진실하게 노력도 하지만 실패한다. 나는 그 원인을 알 수 없다. 일을 바꾸는 것도 문제이지만 그것보다 인격 personality에 원인이 있는 것이 아닐까라고 생각한다. 그것은 "대표"라는 의식이 강한 것이다. 사장이 아니면 일을 하지 않는 것 같은 성격이다. 또 하나는 감사하는 마음이 적고 원망하는 경향이 강하다. 그러나 모든 것에서 완벽에 가깝다고 생각한 사람들도 성공하지 못하는 사람이 적지 않은 것을 보면 일의 성공과 실패는 운명적인 원인도 있는 것 같다.

학교에서 배우는 것이란 | 취업이 결정되고 졸업을 앞둔 어떤 학생이 "이제부터 공부하지 않으면 안 된다"라고 했다. 대학 시절에는 그다지 공부하지 않고 "사회에 나가서 공부한다"라는 것처럼 들렸다. 사회에 나가서 무엇을 배우는 것일까? 실제 사회에서 체험을 통해서 익숙해질 수는 있어도 근본적으로 진리를 탐구하는 것은 어려울 것이다.

동해안 무당들과

전남 장흥에서 강연을 하다

나는 일반 사회에 대해서 좋지 않은 편견을 가지고 있다. 아마 대학에서 오랜 세월을 보낸 탓일 것이다. 일반 사회에는 이해관계·전략·음모 등이 넘치고 있다는 느낌이다. 사회를 배운다는 것은 그런 것에 물들어 가는 것이라고 여겨진다. 그러나 사회는 좋은 연구 대상이면서 사람은 그 속에서 경험을 통하여 변할 수 있다. 즉 사람에 따라서는 권모술수를 배우는 것이 아니라 사회를 변혁시키고 살아가는 삶의 태도를 수정할 지도 모른다. 그저 사회에 동화되는 것이 아니고, 학교에서 배운 진리를 가지고 사회를 변화시키는 분자로서 사회에 파견되는 기분으로 응하여 주기 바란다.

교토京都여자대학의 문학부 사학과 동양사 코스의 여학생인 혼죠本城梓가 나의 연구실로 방문해 왔다. 그녀는 이미 나의 글을 읽고 있어서 나를 잘 알고 있는 기분이었다. 졸업 논문의 테마가 조선시대 무당연구에 관한 것이다. 내가 1960년대 말에 쓴 「궁중 무속자료」와 「한말의 궁중 무속」의 논문을 가지고 왔으며 이미 『한국의 샤먼』, 『한국의 샤머니즘』 등의 책을 읽었다고 한다. 그녀는 민비의 무속신앙에 대해 연구논문을 완성하고 나를 직접 만나보고 싶어 온 것이다. 그는 나의 어떤 모습을 보려고 온 것일까. 나는 그녀에게서 학자와 같은 학생이라는 인상이 들었다. 한국의 무속 연구자들도 읽어 주었으면 싶다.

샤머니즘에서 식민지 연구로

부흥회 | 기독교 | 아키바라는 일본인 학자 | 식민지 연구의 계기를 마련했다 | 북한의 쇄국 | 교회가 나이트클럽으로 | 케이프타운 | 인종 차별 | 식민지 유산 | 애국주의가 위험 | 일본해 | 독도는 우리 땅

7

샤머니즘에서 식민지 연구로

부흥회 | 내가 샤머니즘을 연구하면서 크리스천이라고 하면 잘 믿어지지 않을 것이다. 나 자신도 모순을 느낄 때도 많고 물어오는 사람도 많다. 내가 보기에는 많은 크리스천들도 샤머니즘에 젖어 있다고 보인다. 그들은 샤머니즘을 미신이라고 부정하면서도 그 안에 매몰되어 있어서 알아차리지 못할 뿐이다.

나의 어머니는 독실한 무당의 신자였다. 우리 집 무당(샤먼)에 대해서는 어릴 때부터 일정한 예의를 지키면서 친해졌다. 그런 내가 중학교 때 한국전쟁으로 망가진 건물의 벽돌 위에서 미국인 전도사가 행하는 부흥회에 참가한 적이 있다. 서양의 선교사의 설교와 한국인 목사의 외인 풍의 통역으로 진행되었다. 설교가 끝나고 눈을 감고 기도하고 있을 때이다. "신자가 되고 싶은 사람은 손을 드세요"라고 한다. 나는 손을 들지 않았다. 동행한 친구의 2, 3명은 손을 들어버려 연단 아래까지 나가게 되어 우스웠다. 그 중의 한 학생은 그 후 크리스천으로서 미국에 유학하여 의사가 되었다. 나는 그 이후 교회에 발을 들이지 않았다. 당시 예배에 간다면 신을 바꿔 신고 나온다고 하거나 연인을 찾으러 교회에 가는 것이라고 야유를 받고는 하였다.

기독교 | 한국은 신자 3할 가까이의 기독교 국가로서 해방 후前後 세계에서 가장 기독교화가 성황인 나라라고 말할 수 있다. 지금 그 기독교의 기세가 일본에 침투하고, 한국에서 많은 전도자가 일본에서 활약하고 있다. 유교·불교 등 전통 종교에 있어서 한국과 일본이 그다지 다르지 않고 통하는 곳이 많았지만, 기독교에 있어서는 한일 양국이 극단적으로 상반된다. 역사적으로 미증유未曾有의 사실이다.

그런데 한국 기독교는 샤머니즘과 혼합하고 토착화되어 있어서 일본인에게는 신흥 종교와 같이 느낄 지도 모른다. 실제로 기독교의 성령운동이 샤머니즘의 신들림의 요소가 포함되어 있다. 기독교회에는 샤머니즘이 혼재하고 있다. 나는 샤머니즘을 미신이라고 생각하고, 기독교에 개종했지만 다시 교회 안에서 샤머니즘과 일상적으로 만나게 된 것 같은 느낌이다.

아키바라는 일본인 학자 | 내가 샤머니즘을 연구하면서 제일 먼저 알게 된 것은 일제 강점기 경성제국대학의 교수인 아키바타카시秋葉隆라는 사람이다. 그가 나의 고향인 양주 읍내의 만신을 조사하였다는 것은 충격적이었다. 그곳은 우리 집 단골무당이 살고 있었다. 아키바는 식민지라고는 하지만 비교적 객관적 시야에서 학문적인 실적을 쌓아 올려 온 일본인으로서 해방 후에도 한국

에서 평가되고 있다.

나는 아키바를 통해서 자연스레 식민지 시기의 무속연구에 관심을 갖게 되었다. 그것이 나의 식민지 연구의 출발이다. 그는 객관적인 무속 연구로 평가를 받는 학자이지만 최근 그의 미발표인 원고 등이 프랑스(파리)에서 대량으로 발견되면서 그가 전쟁 중 방송을 통해서 제국주의적 언동을 한 것을 알게 되었다. 그의 인생의 명암이 부각된 것이다.

그 후 나는 일본에서 유학을 하고, 귀국하여 식민지에 더욱더 관심을 가지게 되었다. 매주 문헌을 읽는 연구회를 계속했다. 누구나 일본 연구에 관심이 있는 사람에게 개방했다. 한 사람도 오지 않을 때는 혼자서라도 계속했다. 10년이 지나서 회원이 40명이나 되었다. 그들 중에서 일본 유학을 해서 많은 일본 연구자가 나왔다. 그러나 그들은 대개 일본 식민지연구에는 적극적이지 않

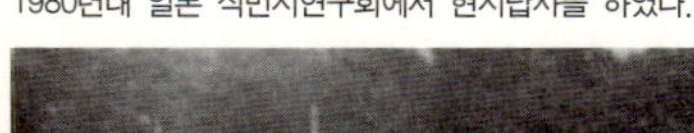
1980년대 일본 식민지연구회에서 현지답사를 하였다.

고, 취직하기 쉬운 분야를 선택하는 경향이 컸다. 1980년대부터 식민지를 연구하였으나 이러한 연구에는 동조하는 사람은 거의 없었다. 모처럼 내가 식민지연구를 시작하였으나 계승하려는 사람은 적었다. 그들은 "친일파"라는 비난을 피하고자 한 것 같다.

식민지 연구의 계기를 마련했다 | 나는 무라야마 지쥰村山智順의 『조선의 풍수』를 민음사에서 번역 출판하였다. 일부 국수주의자의 비난을 받았으나, 이 책이 널리 보급됨으로써 식민지 자료의 출판이 자유롭게 된 계기를 마련한 셈이다. 이후 한국과 일본에서 식민지 연구가 시작되고 지금은 하나의 유행처럼 "식민지"를 제목으로 한 연구가 각처에서 수시로 열리고 있다.

시대가 바뀌어 지금 일본에서도 한국에서도 식민지 연구가 왕성하게 되고, 당시 부정적이었던 연구자마저 식민지를 연구하고 있다. 나는 한국뿐만 아니라 만주 · 사할린 · 대만 등의 일본 식민지를 연구하였다. 일본 도요타재단의 학술연구의 지원을 받아 거문도를 중심으로 일제 강점시대의 일본 마을을 조사 연구하였다. 나는 1980년대부터 식민지를 연구하였으나 이러한 연구에는 동조하는 사람은 거의 없었다.

거문도의 전 면장 박종삼씨와 대담

일제강점기 거문도는 전형적인 일본인 마을이었다. 일본 시모노세키에 거주하

는 나카무라中村彰二씨가 소장하고 있는 『거문도분회사巨文島分會史』는 더 없이 귀중한 것이다. 나로서는 거문도巨文島 연구의 기본 텍스트이며, 이전부터 소장하고 있는 집을 방문해 받았던 것이었다. 소장자의 "가보"이며, 그것 없이는 잠시도 안심할 수 없다고 말하였다. 일본으로 건너가 그 집을 방문하여 정보를 주고받으면서 조사는 더욱 활발하게 되었다.

해방 후 주민들은 일본의 신사神社를 부순 그 자리에 한국의 유학자의 동상을 세웠다. 신사 터에는 아직도 돌로 된 계단이 남아 있다. 그것은 부정할 수 없는 역사의 연속성을 의미한다. 일제 강점시대에 일본인이 만들었다고 하는 북한의 제2의 도시 "겸이포"(현재의 황해도 송림시)의 현상을 보기 위해서 조총련을 통해서 북한 방문을 신청하였다가 허가되지 않았다.

일제강점기 시대의 건물이 있는 거문도의 거리

북한의 쇄국 | 북한은 일개 학자의 여행도 인정할 수 없을 만큼 쇄국하고 있다. 국제화 시대에 상상할 수 없는, "우물 안의 개구리"식 "낙원"을 외치고 있다. 내가 북한을 방문하였을 때 한 청년이 나에게 조용히 물었다. "조국은 역시 낙원이지요"라고, 나는 놀란 표정을 지었다. 그들은 한국이 경제적으로 발전한 것을미 제국주의의 새로운 일제 식민지로 보고 있다. 나의 안내원 청년은 미국의 돈을 빌린다면 북한도 잘 살 수 있지만 그것은 미국의 노예에 불과하다는 것이다. "자력", "자주"의 가치를 존중하는 "주체사상"이다. 서로 협력하고 때로는 서로 의존하면서 사는 것이 좋다는 것을 그에게 설득할 시간은 나에게 너무나도 짧았다.

북한의 교회에서 예배를 마치고 목사(가운데)와 기념사진

교회가 나이트클럽으로 | 나는 서구 제국의 식민지를 조사하기 위하여 동남아 제국 그리고 아일랜드, 남아프리카 등지를 돌아보았다. 특히 영국과 이웃나라인 아일랜드의 식민지에 대해서 알고 싶었다. 우선 영국의 리즈대학(Leeds University)의 아프리카 프랑스 식민지연구자인 하우스(J. House) 교수를 만났다. 장시간의 인터뷰를 마친 다음 그의 안내로 도서관과 서점 등을 둘러보았다. 나는 시차도 있었고 아침에 2시간이나 걸어 대단히 지쳤지만 기쁘기 짝이 없었다.

영국 리즈대학의 식민지연구자인 하우스 교수와 함께(상)
영국의 대학교회가 술집이 된 건물(하)

하우스 교수는 도중에 대학의 건물의 설명을 하면서, 또 국교이었던 성공회교회의 건물을 가리키면서 오래 전에는 대학교회였지만 지금은 "완전히 세속화"되었고 지금은 팔려

서 나이트클럽이 되었다고 한다. 교회의 미래상을 보여주는 것 같은 기분이었다.

not Wealth, only Life(부가 아니고, 인생)이라고 씌어져 있는 게시판을 보니 교회의 기업화와는 모순되는 것 같다. 예수는 "교회 안에서 금전 거래를 해서는 안 된다"고 하였으나 공염불이 된 셈이다.

케이프타운 | 영국 남서부의 항구도시인 브리스톨(Bristol)에 있는 식민지 박물관 및 런던 시내의 전쟁 군사 박물관 등을 여러 군데를 분주하게 돌면서 관람하였다. 그리고 아일랜드로 가서 20여 일 간 박물관과 도서관 및 유적 등을 조사하였다. 또 나의 식민지 연구는 남아프리카공화국으로 확대되었다. 남아공은 영국이나 아일랜드와 그다지 차이가 느껴지지 않을 만큼 식민지화된 나라이다. 제국주의 문화가 여기에 이식되어 있다. 영국 식민지의

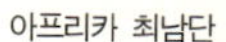
아프리카 최남단

영국 남서부의 브리스톨에 있는 식민지박물관

케이프타운 뒷산 테이블 마운틴

런던의 전쟁박물관

아프리카 성공작이라고 할까, 실패작이라고 할까, 직접 확인해 보기로 하였다.

우선 케이프타운 시내를 돌아보았다. 시내를 돌아다니고 있어도 백인은 거의 눈에 띄지 않는다. 완전히 흑인의 세계이다. 박물관으로 가는 도중 "아프리카 전통을 체험한다"라고 하는 간판을 찾아서 들어갔지만 분위기가 영 아니다. 아프리카 전통요리의 맛을 체험한다고 하는 식당이다.

초등학교를 빌려 일요일을 이용해서 예배를 하는 한국교회에 출석하여 예배를 보았다. 성가 중심으로 진행하고, 극적이었다. 예배 후 교회에서의 점심은 한국의 무국이었다. 우간다에서 온 선교사부부와도 만날 수 있었다. 오후에는 만델라 전 대통령이 복무했던 형무소인 레벤도를 찾았다. 케이프타운에서 페리로 40분간

걸린다. 창고처럼 생겼다. 이 형무소가 세계인들에게 악명 높은 형무소이다.

인종 차별 | 남아공에서 돌아온 후 만나는 사람마다 햇볕에 탔다고 말한다. 즉 피부의 색이 거무스름해졌다고 말하는 것이다. 약 2주간 아프리카에서 조사를 하였다. 직사 일광을 차단하기 위해서 양산을 쓰고 음지를 걷거나 했지만 남아프리카의 햇살은 역시 강했다. 우간다에서 선교를 하고 있는 한국인 목사는 햇볕에 타서 거의 흑인처럼 보였다. 거기에 살고 있는 동양계의 인종도 흑인에게 가깝다. 인도 · 말레이시아 · 스리랑카 등에서 남아프리카에 이주한 사람들과 그 자손들이 몇 세대 혹은 오랜 세월 동안이나 햇볕에 타서 인종도 변한 것처럼 생각된다. 그러나 백인은 백인이다.

인류의 역사에는 부끄러운 것이 많다. 인종이 바로 변한다고는 말할 수 없더라도 혼혈이나 문화적으로 혼합해서 흑인과 구별이 되기 어려워진 것이다. 그러나 인류사에는 피부의 색에 의한 차별이 행해진 것은 누구나 아는 바이다. 머리 염색이 유행하고 있지만 피부의 색도 물들일 수 있는 약품이 나올 것이다. 이곳 식민지는 결국 인종 차별이 중심으로 이야기되는 것이 보통이다.

걷다가 지쳐서 보도에 놓여 있는 의자에 앉았다. 그런데 한 의자에는 백인전용(White only), 또 하나에는 백인 이외(Non White)의 사용이라고 씌어져 있다. 그 옆 건물이 인종 차별의 재판소라고 설명되어 있다.

노예박물관에 들어갔다. 박물관에는 관람객이 거의 없다. 나는 오늘 이 박물관의 세 번째의 관람객이 라고 한다. 관내에 인종차별에 대한 동영상을 흘려보내고 있다. 노예를 잔혹하게 다루고 있는 것이 테마이다. 그 중에는 동남아시아에서 노예로 팔려온 사례도 설명되어 있다. 그들 선조가 노예로 팔려온 역사가 있다.

영국은 인종 차별은 했지만, 근대화를 성공시켰다고 한다. 나는 식민지 지배자였던 로즈씨가 지금도 동상 등이 있고 지명 등에 사용되는 등 기념되고 있는 점에 주목하여 조사를 집중하였다. 식민지가 잔존하는 것은 어찌할 수 없는 것이지만 그것이 기념되고 있다는 것은 불가사의한 것처럼 느껴졌기 때문이다. 이 나라의 사람들은 지금 식민지를 어떻게 생각하고 있는 것일까? 들어 보고 싶었다. 충실했다고 말하는 사람이 많다.

케이프타운 교외 20킬로미터 지점에 칼리쳐라는 흑인 난민촌에 가 보았다. 4만 명 이상의 흑인들이 격리되어 생활을 하고 있다. 위험지구라고 하여 밤에는 출입구가 폐쇄된다. 그 안에 한국인 목사가 교회를 설립해서 선교를 하고 있다. 한국 교회들의 해외 선교라는 것이 대개는 해외 거주 한국인을 대상으로 선교를 하고 있는 것과 달리 흑인을 대상으로 하고 있는 점이 장하다.

백인 이외의 민족들이 앉을 수 있는 의자(케이프타운)

이와는 아주 대조적인 것은 한국이다. 기본적으로 일제강점기 잔재를 청산하고자 하는 점이 그렇다. 조선 총독부의 청사를 철거한 것이 그 전형적인 예일 것이다. 조선총독부의 청사가 70년, 광화문도 30년의 역사를 가진 것을 파괴하고 몇 백 년 전의 것으로 복원하겠다고 한다. 전체적으로 복원한다면 일제강점기에 만든 도로도 없앨 필요가 있다. 복원은 레플리카(복제품), 거의 날조에 불과하다. 역사는 간단히 복원되고 만들어지는 것이 아니다. 복원이라고 예전으로 돌아가 호롱불을 켜 놓고 생활할 수 없는 것과 같은 것이다.

광화문을 복원하고 길을 넓혔다. 정권이 바뀌면 또 바뀔지도 모른다. 정치적인 의도가 없는 것 같지 않다. 근세 조선시대의 광화문이 조선 총독부를 세울 때 옆으로 옮겨졌다가 한국전쟁으로 소실했다. 그 자리에 박朴 대통령이 복원하여 한글 현판이 씌어진 콘크리트 건물로 세운 것이다. 그것을 다시 헐고 새로 복원한 것이다. 중국은 만주국의 건물 등을 국가지정 중요문화재로 지정하여 보호하고 있다. 일본의 히로시마에는 원폭으로 괴물처럼 남아 있는 잔재를 세계의 문화유산으로까지 보존·보호하고 있다. 악몽의 잔재를 남기는 이유는 무엇일까.

나는 간세이학원대학關西學院大學출판회 『일본 인류학사』의 6월출판을 앞두고 동 대학의 야마지선생과 쿄토 대학의 다나카田中雅一 교수의 정담鼎談이 했다. 세계적으로 파악해야 할 것과 그리고 당시를 살았던 사람들에게서 삶의 태도를 추구하는 것이 인류학의 본질이라고 언급했다. 나는 특히 아프리카와 싱가포르의 예를 들어 식민지주의의 인류학자를 지금의 시점에서 어떻게 이해할 것

광화문 복원공사 장면

일제강점기 호텔이 중국의 중요문화재로 지정되어 있다.

인가를 논했다. 한국의 반일감정은 그 중의 한 테마이지만 언급하지 않았다. 그런 대화들이 과연 어떻게 편집될 것인지 궁금하다.

애국주의가 위험 | 세상의 가치관과 정의의 기준이 어디에 있을까? 지금 내 가치관도 언젠가는 무효가 될지 모른다. 보편적인 것이 없는 것 같다. 일제강점기를 살아 온 많은 사람에게는 어둡고 밝은 면이 있을 것이다. 해방 후 전 한국인이 "반일 애국자"인 듯, 전 일본인이 "반전주의자"처럼 자세를 보이는 것은 무엇일까.

나를 "친일적", "신친일파"라고 말하는 사람을 보면 애국을 정말로 모르는 사람이라고 여겨진다. 도무지 균형이 잡혀 있지 않은 사람들이다. 그들은 남을 미워할 줄은 알아도 사랑할 줄 모른다고

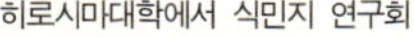
히로시마대학에서 식민지 연구회

생각된다. 애국의 의미를 모르는 사람의 애국은 실로 위험하다.

동경도립 수도대학의 정대균씨와 비교민속학회 일본지부 연구회에서 대담을 하였다. 내가 정씨를 처음 만난 것은 일본 유학시절에 영어의 원서를 읽는 연구회에 그가 참가한 1974년이었다. 그 후 나는 두 번이나 그를 대학으로 불러 동료로 삼았으나, 그는 어디에서도 내가 초대한 것을 밝히지 않았다. 그런 이유는 무엇일까. 늘 의문을 가지면서도 묻지 않았다. 그런데 이번에 처음 그가 나와 만난 것이 인생에 있어서 학자가 된 큰 계기이었다고 말하였다.

우리들은 때로 "신 친일파"라는 비난도 받았다. 국수주의자들로부터 "친일파"라고 비난되는 것은 당연하다. 나는 일제강점기 시대의 샤머니즘 연구자인 일본인 아키바타카시秋葉隆 등을 검토하고 그것을 확대하여 식민지를 연구하였기 때문이다. 지금 식민지 연구가 하나의 붐을 이루는 것은 격세지감이다. 터부로 여겨졌던 식민지연구로 비난이나 나쁜 소문에도 불구하고 신념을 갖고 연구를 계속했을 뿐이다. 뱁새가 황새의 마음을 알아 줄 것이라는 마음으로 세월을 기다렸다.

부산釜山 심포지엄의 멤버와 탄 버스가 일본 총영사관 앞에서 신호 대기 중에 이상한 현수막을 목격했다. "광우병 환자의 일본"이라고 하는 3줄의 횡서의 현수막을 찾아 멤버들이 사진을 찍었다. 그 옆에는 경찰 버스와 함께 무장한 경찰의 모습도 보였다. 이러한 한일 관계의 위기감에서도 시내를 돌아다니면 일본인을 환영하는 무드가 있다.

일본해 | 한 한국인 학자가 동경대학에서 개최한 국제심포지엄에서 일본의 "일본해" 표기가 한국의 국가적 프라이드에 상처를 준다고 문제를 제기하였다. 인도양을 "인도의 바다"라고 생각하지 않는 것처럼 지명은 지명일 뿐이라는 말로 일축되었다.

대학생들이 술집에서 부르는 가사가 "대마도對馬島는 우리영토, 태평양도 양보할 수 없다"라고 하지만, 멜로디는 일본의 군가라고 한다. 만세 삼창도 일본제이다. "만세"라고 하는 것은 중국이나 한국의 고문헌에 나오지만, 그것을 삼창이라고 하는 것으로 형식화한 것은 일본이다. 한일에는 이렇게 문화적으로 혼합된 것이 많다. 문화에는 명확한 경계가 없기 때문이다. 그것이 참된 국제화일지도 모른다.

독도는 우리 땅 | "독도는 우리 땅"을 어떤 일본인이 불렀다. 그 노래를 들은 한국인이 "당신이 부르면 일본 땅이 되기 때문에 부르면 안 된다"라고 했다는 우스운 이야기를 들은 적이 있다. 실은 일본인과 한국인이 "함께 노래할 수 있게 되면 좋다"라는 사람이 정론正論을 폈다. 지금 한일 관계는 역사상 가장 좋다고 한다. 그러나 이런 상황이 한 순간에 최악으로 일변한 것을 지금까지 나는 몇 번이나 경험하고 있다. 이 문제는 판단하기 어렵고, 또 한일 관계에 상처를 입히기 쉬우므로 판단이나 행동은 하기 어렵다. 신께서 보면 아이들이 장난감을 서로 뺏고 빼앗는 것과 같은 것이다.

민족주의와 국제화

순국 영령 | 일본의 패전 | 귀환 길 | 요코의 이야기 | My Brother, My Sister and I | 나의 고향 마을 이야기 | 충실한 사람 | 가치관 | 성폭행 | 사죄를 구하지 않는다 | 이웃 사람을 죽일 수는 없다 | 4.19 | 중국 내셔널리즘 | 스포츠와 국적 | 천안문 사건 | 기록영화 "야수꾸니"

8
민족주의와 국제화

순국 영령 | 5월과는 달리 6월은 좀 어둡다. 현충일, 6.25 등이 들어있다. 현충일이란 나라를 위해서 희생이 된 군인, 경찰 등을 추모하는 날이다. 6.25는 내게 고된 추억을 갖게 한 날이다. 국립 현충원에는 무명과 유명 용사들이 잠들어 있다. 북한의 열사 능에도 한국을 적대하여 싸운 군인이 묻혀 있는 것을 보았다. 남북의 대조를 보았다. 그들은 모두 국가를 위해 전사한 "순국 영령"들이다. 남한에서는 북한과 싸운 전사자들, 북한에서는 남한과 싸운 전사들이 각각 영령으로 모셔지고 있다. 남북이 통일되면 그들 전사자들의 지위는 어떻게 변화될 것인가.

여기에 덧붙여 일본의 야수꾸니靖國가 그 하나의 문제이다. 나는 20년 쯤 전에 나카소네中曾根 총리가 참배하던 날 야수꾸니를 들른 적이 있다. 해방 전의 일본군 복장을 모방한 당시의 일본 군인들이 나타나고, 우익의 선전차에서는 방송이 계속되어 이상한 분위기이었다. 또한 공원의 한 구석에는 전쟁 반대를 외치는 사람들도 있었다. 무섭게도 느꼈다. 그러나 그것은 옛날의 제국주의를 그리워하는 기분풀이며, 데모와 같은 것이다. 전체 일본의 사회와는 전혀 결부되지 않는 것이다. 식민지와 전쟁의 후유증은 오랜 세월 지속한다. 선조의 잘못이 자자손손에게 탈이 되고 있다. 일본은 아직도 전쟁이나 식민지의 부정적 유산을 크게 지고 있다.

일본의 패전 | 일본에서 8월 6일은 히로시마廣島, 9일은 나가사키長崎에 원폭을 투하한 기념일이다. 히로시마에 살고 있었을 때는 거의 연중 매일 같이 듣는 말이 "원폭", "피폭"이었다. 대량학살과 원폭을 투하했다고 미국을 비난하는 말도 많다. 미국에서는 원폭투하를 정당한 것이라고 주장하는 사람도 있다.

히로시마 원폭 "평화기념관"에는 일본제국이 19세기말로부터 식민지나 전쟁을 일으켜서 피폭·패전한 경위를 거의 전시하지 않고, 설명하지도 않는다. 나는 히로시마대학에서 "한국에서 본 원폭"이라는 주제로 강의할 때, "도전=패전"을 전체로 볼 것을 주장했다. 즉 일본이 패전하게 된 경위를 전시할 필요성을 주장하였다. 일본인이 "패배"란 사실을 정말 인식하는 것이야 말로 무엇보다 필요하다. 그래야 평화, 원폭금지 등을 주장할 수 있다.

패전하여 돌아가는 일본인들이 내뱉은 말 "요시(좋아), 또 나중에"라고 남긴 말을 나는 부모님으로부터 수없이 들었다. 그것이 무서운 말이라서가 아니라 일본인 자신이 패배를 진정으로 인식하지 않는 것이 된다. 패전해도 패배를 인정하지 않고 있는 것은 일본인 스스로를 위해서 좋지 않다. 패전은 비참한 것이지만 패배의식을 가질 때 새로운 의미를 가진다. 참회하지 않고서는 사회를 근본적으로 바꾸기 어렵기 때문이다. 참된 패배 정신은 승리 의식보다 위대한 것이다. 그러나 아직도 많은 일본인들은 패배를 인정하지 않는다.

한국전쟁 이후 한국과 북한의 정부는 각각 "승리"라고 선언했다. 즉 패배가 아니라는 것이다. 일본에서는 "종전"이라고는 말해도 "패전"이라고는 말하고 싶지 않은 사람도 있다. 아일랜드는 영국의 침략과 식민지를 오랫동안 겪어온 나라이다. 그 나라의 대표적인 민족적 영웅 시인이면서 극작가인 예츠는 "식민지 의식에서 벗어나지 않으면 진정한 자유는 없다"고 한 말이 우리에게도 해당되며, 실천하지 않으면 안 된다.

재일한국인은 차별되고 있다고 하는데 그보다 무서운 것은 인격 형성이다. 식민지 역사가 재일한국인의 인격 형성에 영향을 주어서는 안 된다. 나는 일본의 몇 곳의 재일동포 기독교회에서 항상 느낀 것이 민족문제이다. 어떤 한국인 목사는 이즈모신사出雲 神社에 벼락이 떨어진 것, 고베神戶 지역의 지진, 일본인의 스포츠 참패들이 죄의 대가로 여기고, 십자가 밑에 태극기를 걸고 설교를 했다.

귀환 길 | 일본에는 패전 당시의 혼란함을 주제로 한 논픽션이 상당히 많다. 대표적인 것이 후지와라藤原의 『유성은 살아 있다』이다. 대동아 전쟁에서 패전한 일본인은 만주·한반도·대만·남양군도南洋群島 등지에서 일본으로 모두 귀환하였다. 귀환할 때까지 일본인회·보안대 등의 조직이 있어, 보호되면서 협력하거나 어떻게든 굶주림을 견디어 냈다고 한다. 비참한 패배를 묘사하였어도 그것을 딛고 일어설 수 있는 참된 패배 의식을 발굴하는

데에는 미치지 못하고 있다.

『북한에서의 생환』의 저자인 구키久木씨에게서 북한으로부터의 귀환희생자들의 위령제가 행하여진다는 정보를 듣고 나가사키에 있는 사세보佐世保로 갔다. 30여명이 위령제를 참가하여, 나도 함께 참여해서 분향하고, 간담회에서 귀중한 증언을 2시간 반 녹화하였다. 한반도 남부 지역에서 귀환한 자들의 증언과는 달리 고생과 고난의 이야기가 많다. 이야기하는 사람이나 듣는 사람이 눈물을 흘리는 때가 많았다. 한 여성은 "많은 사람이 희생 되었는데 자신이 살아남은 것이 신기할 정도"라고 말했다.

『요코의 이야기』 | 북한 나남에서 살던 사람이 패전으로 인해 일본으로 귀향하는 길에 당한 고생을 적은 가와시마川嶋씨의 『요코의 이야기』이라는 소설이 문제가 되었다. 그녀는 한국에서 귀환한 후, 일본에서 영문학을 전공하고 미국에서 작품 활동을 하고 있다. 이 책(1986년)이 화제가 된 것은 미국 거주 한국인들에 의해서이다.

가와시마(川嶋)씨

일본 여성들이 당시 한국인 남성들에 의해 성폭력을 당했다는 이야기가 문제가 된 것이다. 나는 우선 그 작품을 읽고서 독자들이 논픽션을 소설로 오해하고 있는 것이 아닌가라고, 문제를 파악하기 위하여 그녀를 방문한 것이다. 방문하는 여정에서 캐나다 항공회사인 에어 캐나다를 타게 됐다. 그 항공사의 다른 서비스보다 대단히 내 마음에 든 것은 컴퓨터용 전원이 좌석마다 있다는 것이다. 수 십 시간 이상의 비행 중 컴퓨터로 문장을 쓸 수 있었던 것은 다행이었다. 캐나다에서 만난 안내자는 캐나다가 컴퓨터에 주력한다고 하여 과연 수긍이 갔다. 몇 년 전 스톡홀름에서 노르웨이 오슬로까지의 열차에도 좌석마다 컴퓨터용 전원이 있었던 것도 인상적이었다.

우리 부부가 미국의 보스턴 근교 케이프 코드Cape Cod에 살고 있는 가와시마川嶋씨를 찾아갔다. 그 날 밤 『요코의 이야기』의 한국어 번역자인 윤씨의 남편과의 통화를 했는데 그는 민음사에서 나의 역서를 낸 편집자이기도 하였다. 그와의 관계 그리고 일본과 한국, 미국의 연계가 되어 기연奇緣이라고 느꼈다. 그녀는 『요코의 이야기』 일본어 초고를 나에게 보여 주었다. 그녀의 전쟁체험, 청교도 정신이 투철하고 있는 것 같았다.

『My Brother, My Sister and I』 | 가와시마川嶋씨의 『요코의 이야기』의 속편이라고도 말할 수 있는 『My Brother, My Sister and I』도 읽었다. 북한에서 비교적 좋은 환경에서 살다가 일본으로 돌아온 다음, 일본에서의 체험이 더욱 괴로운 것으로 묘사되어있다.

방화범이나 도둑으로 몰리고 누명이 벗겨질 때까지의 괴로움이 사람들을 감동시킨다. 결국 작자가 미국에서 살게 된 것도 이해된다. 아무리 경제 대국라고 해도 차별이나 따돌림이 있는 한 그 사회는 결코 좋은 사회라고 할 수 없다.

미국과 캐나다, 다시 일본으로 돌아오자마자 느낀 것은 일본은 예의 바른 나라라는 것이다. 여행지의 많은 식당에서는 메뉴나 식기 등을 손님 앞에 던지는 것 같은 느낌이었다. 난폭하고, 예의 없게 느꼈기 때문이다. 일본은 인사와 더불어 사람이나 물건의 취급 등에 정중함이 있다.

『빨간 달』은 패전시기 만주에서의 일본인 인양引揚하기에 관한 스토리다. 만주에서의 귀국길은 훨씬 험난했다. 피난 생활이나 여성들이 소련군에 성폭행 당하는 등 생생하게 묘사되어 있다. 전쟁에는 성폭행이 반드시 따르는 것일까? 여러 가지 기록이나 체험담에서 소련군의 잔혹한 폭행을 확인할 수 있다. 한국인이나 중국인 여성과 달리 패배국의 여성인 일본여성들이 심하게 피해를 당한 것이다. 한국전쟁 때, 유엔군, 특히 미군이나 영국군 일부의 군인들은 한국의 여성 즉 아군 측의 여성에게 성폭행을 했다. 적대한 것이 아니고 단지 성욕을 채운 것 같은 것과는 대조를 이룬다.

나의 고향 마을 이야기 | 8월 15일은 광복절이다. 당시 나는 시골의 작은 마을에 살았기 때문에 그날의 일은 기억에 없다. 단지 며칠 후 징용된 사람, 사촌형이 히로시마廣島에서 귀환하고 이웃집의 오씨는 남양군도에서 일본인 여성을 데리고 귀환했다. 그

는 B29의 공습空襲 모양을 재미있게 이야기 해 주었다. 인육을 먹는 야만인의 식당이 있어, 사람의 사체를 줄에 축 늘어뜨려 걸쳐 놓았던 것을 보았다고 했다.

나의 누나 이야기에 의하면, 그에게는 징용되기 직전에 부모의 강요로 결혼한 아내가 있었다. 그런데 일본인 여인을 데리고 와서 본처와 일본인 여성이 한집에서 살았지만, 시어머니가 일본인 여성을 몹시 구박하였다. 결국 시어머니가 아들을 숨겨버려 그녀는 울면서 일본으로 귀국했다고 한다.

충실한 사람 | 미국인의 문화인류학자 루즈 베네딕트는 『국화와 칼』에서 일본의 "속마음을 알 수 없는 적국"이라 쓰고 있다. 일본인은 소신이나 신념이 없고, 그저 성실한 사람이 많다고 하였다. 전면적으로 충실했던 사람이 또 다른 사람에게도 충실했기 때문에 간단히 배신한다. 누구에게라도 상냥한 사람, 단지 성실한 사람은 신뢰성이 없다.

천황을 위해 목숨을 바치던 사람들이 진주군進駐軍을 환영하는 모순을 일본 국민들은 별로 모순으로 느끼지 않는다고 하였다. 그 적국이었던 일본이 지금은 미국의 "맹우"국이 되어 있다. 한편 일본은 같은 대일본제국이었던 북한을 적대시하고 있다. 장차 맹우국이 될 지도 모른다. 국가나 민족뿐만 아니라 스포츠나 게임 등은 적을 전제로 하지 않으면 성립되지 않는 것이 많다. 강적과 싸우는 것이 오히려 영광스러운 때도 있다.

가치관 | 또 베네딕트는 전쟁 중 일본의 라디오에서 미국의 메케인 제독이 인명 구조로 훈장을 받은 것이 이해되지 않는다고 말한 것을 분석하고 있다. 즉 미국이 적국의 일본 군함 등을 격침시킨 것도 없었는데도 훈장을 받는 이유를 모르겠다하는 일본인을 폄하하고 있다. 그것은 기본적으로 군대는 인명을 지키기 위해서 존재하는 일종의 사회복지적인 존재라고 생각하는 미국인의 생명관의 차이이다. 그녀는 군인이 사람을 죽이는 것이 목적이 아니라 인명을 구조한다는 생명의 존엄성에 대해서 언급하고 있는 것이다.

나는 육군사관학교의 교관으로서 미국의 육군사관학교의 교과 과정을 참고로 해서 교과 과정 개혁에 조력한 적이 있다. 그 때, 군은 인명을 지키기 위해서 존재하는 것이고, 적을 죽였기 때문에 훈장을 받는 것이 아니라, 인명을 지켰다고 하는 것으로 훈장을 받는다고 알게 됐다. 즉, 그 당시의 일본인의 가치관과 미국의 가치관은 하늘과 땅의 차이이었다.

성폭행 | 나는 한국전쟁 중 이웃집의 여성이 영국군에게 성폭행 직전 그녀의 할머니가 쇠스랑을 들고 마루를 치는 바람에 도망친 미수사건을 목격했다. 그 후 마을의 젊은 여성들은 노녀老女처럼 변장하고 있었다. 그래도 납치되어 가서 성폭력을 당하고 40여일 후 귀가한 적이 있다. 우리 이웃 마을에서는 마을사람들이 성폭력의 흑인을 살해한 사건도 있었다. 그 후 매춘부들이 대량으로 나타나서 우리 마을은 매춘 마을처럼 되었다. 오키나와沖繩에 있는 미군 해병대는 가족동반 군인들이 많아 한국에 비교해서 성

폭행은 적지만 종종 일어나고 있다. 그럴 때마다 일본 국민들은 크게 분노하고 있다.

전시戰時라도 어느 때 성폭행이 많이 일어나는가를 나는 경험적으로 알고 있다. 교전 상태가 소강되고 아직 치안이 회복되기 전, 완전 무질서 상황 아노미(혼란한 사회의 상태)에서 일어난다는 것을 알았다. 그런 상황에서는 사회윤리나 체면의식이 사라진다. 그 때야말로 인간은 완전 자유라고 할까 난폭해 질 수 있다. 거기서 인간 실격의 현상도 일어날 수 있다. 전쟁이 평화를 위하여 일어난다고 한다면 "전사戰士"들은 "천사天使"이어야 한다. 그러나 실제 전쟁에서는 군인이 인간 실격의 현상도 일어날 수 있다. 전쟁을 정당화하고 애국으로 치장하기에는 주저하지 않을 수 없다. 인간의 기본적인 문제에 부딪친다.

이런 공백 기간에 바르게 판단할 수 있는 사람, 바로 자신과 싸울 수 있는 사람이야 말로 용사라고 할 수 있을 것이다. 인간은 전쟁이나 큰 혼란, 무질서한 상태에 떨어지면 패닉으로 인한 무중력한 상황이 되고, 평소의 차별이나 편견이 증폭되어 비열한 행동을 취하는 것이다. 이런 상황에서 법률이나 내셔널리즘에서 벗어난 참된 알몸의 인간으로서의 인간의 가치관이 작용하여야 한다. 그런 교육이 필요하다. 법조문을 가르치는 것보다 법이 없을 때에 인간성에 대해 어떻게 가르칠 것인가를 생각하지 않으면 안 된다.

"사죄를 구하지 않는다" | 한반도의 해방과 독립은 한국전쟁과 "휴전", "정전"으로 이어진다. 그것은 승리가 아니라 시대의

조류를 탄 것뿐이다. 식민지에 대해서는 한국인이 크게 패배 의식을 가질 필요가 있다. 광복 후 남북이 갈라진 것은 민족적 큰 실패이다.

한국 이대통령(李明博)이 당선 즉시 일본에 "사죄를 구하지 않는다"라고 명쾌하게 선언한 것은 신선하게 들려 왔다. 일본에 대해 사죄를 강요하는 것은 상대를 굴복시키는 수단이지만, 스스로 사죄를 구하지 않는다는 선언은 승리의 자세이다. 일제강점기에 대한 사죄는 일본인 스스로 할 것이며, 한국인이 추궁해야 할 것이 아니다. 이번 선언은 세속적인 수준을 넘은 것이다. 이 이야기를 들은 일본인은 사죄의 주체가 일본이라는 것으로 무겁게 받아들여야 한다. 한국은 옛 적에게 복수하려는 마음에서 벗어날 필요가 있다.

이웃 사람을 죽일 수는 없다 | 나는 한국전쟁 중 약 3개월간 북한의 통치 아래에 있었다. 한국군이 진입하고 경찰에 의한 치안이 행해지지 않고 있을 때 마을에서는 어려운 문제에 봉착했다. 그것은 마을 사람 가운데 북한에 공조하였던 사람에 대한 것이었다. 상부에서는 그런 사람을 보고하라는 지시가 내려 왔기 때문이다. 공산주의에 공조했던 사람들은 밀고 되면 처형되는 때였다.

북한에 공조했던 사람들은 안절부절못하고 있었다. 마을에서는 긴 회의를 열고 논의했다. 결국 마을 사람을 보호하자는 쪽으로 결론이 나서 밀고하지 않기로 한 것이다. 결국 마을사람들은 이웃 사람을 죽일 수는 없다고 하는 쪽으로 기운 것이다. 그들은 마을 사람에게 감사하고, 보통 마을 일에 협조하는 일이 없었던 그들이 삶의 태도를 바꾸어 영원히 의좋게 살게 된 것이다. 나는 어린 아이였지만 잘 한 것이라고 여겼다.

4.19 | 4월 19일은 1960년 학생혁명이 일어난 기념일이다. 나는 당시 서울대학교 2학년이었고 학기가 막 시작되었던 때이었다. 이승만 대통령이 헌법을 개정해서 3기도 장기집권을 하려고 한 것에 전 국민이 반대하고 특히 대학생들이 반정부 데모를 일으켰다. 서울대학교 상과대학과 사범대학, 고려대학교 등 서울 동부의 데모대가 동쪽에서 서쪽으로 스크럼 짜고, 데모를 했다. 일반인들도 학생들에게 물을 주는 등 응원해 주었다. 나는 사범대학의 데모대에서 동대문을 지나고, 종로5가에서 스크럼에서 나왔다. 체력이 견디기 어려웠다. 결국 그 해 여름에는 결핵말기라고 진단되기에 이르렀다. 내가 참가한 스크럼 데모대는 타 대학이나 고교생 등과 합류해 경무대 앞으로 진행해 발포되어, 수 백 명이 죽음을 당한 것이다. 나의 스크럼 데모대에 있었던 같은 학과의 선배 4명이 죽음을 당했다. 나는 몸이 약했기 때문에 살아남았다고 생각했다.

이승만 대통령이 하야하고, 희생자들은 우이동牛耳洞 공원에 잠들어 있다. 그 귀중한 정치혁명이 1년 후 박정희가 군사 쿠데타를 일으켜 군사 독재화되어 갔다. 그리고 20년 가까이 계속된 독재에 학생 데모가 심하게 되고, 그 후 박朴 대통령이 암살되었다. 그 계기를 가로챈 전두환 등에 의해 군사독재는 이어갔다. 5.18광주光州 사건 등을 경과해서 민주화가 진행해 간다.

중국 내셔널리즘 | 지금 중국은 내셔널리즘을 강화하고 있다. 강대한 중국의 내셔널리즘은 세계의 위협이다. 근대에 있어서 국민국가를 만들기 위해 내셔널리즘을 이용한 나라는 많다. 공산당 일당독재를 유지하기 위해 결속시키려는 것이다. 젊은이들이 반일적 시위를 하지만 그러나 그 공격의 방향이 언제 정부에 향할지 모르는 위험성이 있다. 중국 정부는 그것을 모르는 것이 아니어서 내셔널리즘에 편승한 데모를 자제시키고 있다.

중국은 내부의 민주화와는 거리가 좀 멀고, 대국주의를 내세워 개발 독재를 계속한다. 소국으로서 사회복지가 좋은 나라라고 존재 의미가 없는 것은 아니다. 극단적인 분열주의도 문제이지만 무모한 대국주의는 더욱 곤란하다. 중국의 대국주의는 사실은 무력에 의해 유지된다고 할 수 있다.

일본에서는 지금 스포츠가 대단히 일반화되고 있다. 대부분의 사람들은 스포츠를 즐기는 것보다 게임 감각으로 즐기고 있다. 올림픽은 국가대 국가의 스포츠·게임이므로 대회는 극히 주목된다. 게임에서는 상대를 잠정적으로 적으로 설정한다. 그 점에서는 전쟁과 비슷하다. 스포츠 내셔널리즘의 국가주의를 경계하는 목소리도 있다.

스포츠와 국적 | 스포츠의 국제화에 있어서 국적 문제도 있다. 시합을 위해서 국적을 바꾼 선수가 그 목적달성 후 국적 복귀나 이중 국적 등 국적을 이용하는 것이 문제이다. 이혼이나 결혼 등의 제도에 붙들어 매이는 사람이 있는 반면, 그 제도를 이용하

는 것 같은 사람도 있다. 일반적으로는 국적은 국민으로서 생활하는 사람의 아이덴티티다. 그것을 간단히 특정한 목적으로 이용하는 것은 문제이며, 또 문화적으로도 낯선 나라의 국적을 유지하는 것도 문제일 것이다.

전쟁도 스포츠와 같이 선고하고 나서 승리와 패배로 끝나는 것, 스포츠의 게임이나 사회극과 같은 것이라고 생각할 수 있다. 국민이 국가에 정의 있는 폭력을 맡기는 제도로 국가 권력이 사형이나 전쟁도 한다. 아직도 민족이나 국가를 위해서 테러를 행하고 있다. 나는 "평화"와 "정의"라고 말하는 전쟁에 명분을 주어서는 안 된다고 생각한다.

천안문 사건 | 소련의 붕괴이후 유고슬라비아 등 사회주의 체제의 국가가 민족분쟁으로 분열되고, 또 세르비아 남부 코소보 자치주가 2008년 2월 17일에 인구 230만 정도의 소국으로서 독립을 선언했다. 중국도 분열될 것으로 모두 기대했으나 천안문 사건은 상처를 남기고 그대로 수포로 돌아갔다. "천안문 사건"과 같은 운동이 무력에 의해 제압되어 중국의 민주화는 멀리 가버렸다. 한국의 민주화를 체험한 나로서는 중국의 민주화에 기대를 걸었다. 중국정부가 올림픽을 계기로 "대국주의"중국문화를 선전하려고 했지만, 반대로 티베트문제 · 공기오염 · 식품위생문제 · 민족차별 등을 노출시켰다. 중국의 티베트 자치구에서 데모가 일어났다. 제2의 "천안문 사태"라고 하는 사람도 있다. 티베트 자치구의 데모는 "티베트인에 있어서는 민족운동, 중국인으로서 민주화 운

동"라고 높게 평가하고 싶다.

중국의 유학생들은 오히려 정부를 두둔하는 태도를 취하는 경우가 많다. 중국인 유학생들에게서 대국주의는 느껴도 민주주의는 거의 느껴지지 않는다. 오스트레일리아에 유학중인 중국 유학생들이 중국 정부 측에 서서 반정부적인 티베트문제 항의자들의 데모를 억제하는 행동을 한 것이 보도되었다.

예전 내가 일본에 유학했을 때 한국인 유학생들은 거의 반정부적 민주화에 관심을 가지고 있었다. 몇 명의 사람이 한국 정부 측의 견해를 옹호하면 바로 중앙정보부의 앞잡이라고 했다. 실제로 유학생 가운데 일시 귀국했다가 공항에서 체포되어 사형이 선고된 사람도 있었다. 그런 민주화 그룹에 의해 한국은 점점 민주화되어갔다.

그런데 지금 일본에는 중국 유학생이 많이 있다. 그러나 그들에게서는 그러한 관심은 거의 볼 수 없다. 나는 경제발전보다 민주화가 앞서야 한다고 생각하지만 중국은 반대로 가고 있다. 박정희 대통령은 경제발전을 우선하였고, 민주주의에는 실패하였으며 결국 그가 암살당함으로써 민주주의 시련의 역사를 거쳐 민주국가를 형성하였고, 경제도 크게 발전하게 되었다.

기록영화 "야수꾸니" | 중국인 감독의 기록영화 "야수꾸니靖國"가 일본에서 상영이 중지당해 화제가 되었다. 한국에서 자주 있었던 패턴이 일본에서 일어나고 있으므로 조소嘲笑를 금할 수 없었다. 『추한 한국인』 등이 한국에서 판매 금지 당하자 일본에서

베스트셀러가 된 것을 모르는 것일까? 세계적으로 영화 "패션"이나 "다빈치 코드"가 불매운동 등으로 역효과를 미친 것을 모르는 것인가? 기록영화 "야수꾸니靖國"는 그다지 문제시 되지 않는 작품인데도 불구하고 상영 금지가 되어 역선전으로 인한 성황을 이루었다. 그래서 나도 영화관을 찾은 것이다. 일본의 내셔널리즘도 적지 않은 것 같다.

평화운동이 또 하나의 전쟁 도발이 될 수도 있다는 것을 주의해야 한다. 평화를 위해서 전쟁을 하는 것이 일반적이니 평화 운동의 위험성을 기억하지 않으면 안 된다. 일본은 청일전쟁 등에서 아시아의 평화를 지키기 위해서라고 하는 명분으로 전쟁을 일으켰다. 국민은 정부의 "정의" 등 명분을 그대로 믿어서는 안 된다. 정말로 정의를 지키는 가치관에서 자란 "양호인"에 의한 정치가 행하여져 진정한 평화가 유지되기를 바란다.

연말에는 10대 뉴스라든가 회고하는 프로그램이 많다. 나는 과거를 되돌아보고 싶지 않아서 그것들을 보지 않는다. 고향도 되돌아보고 싶지 않다. 고향에는 아픈 과거, 추억이 많기 때문이다. 괴로운 경험이나 역사를 부정해도 의미가 없다. 그것이 지금의 자신의 실체이기 때문이다.

일본인 · 일본문화

한일의 표현 양식 | 졸음 | 규칙과 규제를 우선한다 | 친절 | 인권의식 | 반일감정 | 깨끗한 나라 | 금전관계 | 노교수와 방담 | 감사와 기도 | 핵의 위험 | 반일시대는 지나갔다 | 비밀은 없다 | 신풍 | 중국인 노벨평화상

9

일본인 · 일본문화

한일의 표현 양식 | 연구회 등에서 발언하지 않는 사람의 의견도 무시되지 않는 일본적인 이야기의 구조가 있다. 즉 발언하지 않는다고 하여 의견이 없다고 생각하지 않는다. 그것이 일본적인 표현 양식이다. 오히려 많이 발언하는 사람이 손해를 보는 경우가 있다. 내가 발언하지 않고서 후회하는 경우가 많다고 말하자 어떤 일본인은 발언을 하고 후회하는 편이 많다고 한다. 한국인이 발언하지 않은 것에 대한 후회는 반대로 일본인에게서는 발언한 것에 대한 후회라는 대조를 보인다. 규제와 관습이 개인의 개성을 거의 제한하는 사회라는 점에서 이런 일본인의 습성이 생긴 것 같다.

고장 난 컴퓨터를 오랜 시간을 걸려서 고치는데 성공하였다. 나는 어린아이처럼 "만세!"를 외쳤다. 그런데 진작 그것을 고친 사람(일본인)은 아무런 감동의 표현도 하지 않았다. 나는 기쁜 감정을 전혀 보이지 않는 그 사람에게 "당신은 어른이네요"라고 하여 웃겼다. 나는 그의 태도가 "나에 비해서 어른답다"라고 하였으나 실은 한일 간의 표현의 차이로도 느꼈다. 그와 나의 기쁜 감정은 거의 같을 것이다. 그러나 그 표현의 양식이 다른 셈이다. 나의

졸저인 『한국인의 울음泣きの文化人類学』은 이러한 한일의 표현 양식을 비교 검토한 책이다.

한국인에 비해서 일본인들과는 농담이 잘 통하지 않는다. 사람들과 일본의 정치에 대한 불신풍조를 대화하는 중에 "다음 시장 선거에 내가 입후보할까"라고 농담을 하였더니 진담으로 수긍하는 사람이 있어서 "농담이 통하지 않는다"고 웃었다. 이전에 내가 우유가 든 컵을 가리키면서 소금을 넣으면 바로 치즈가 된다고 농담을 하였더니 듣고 있던 사람이 "그렇습니까."라고해서 오히려 내가 기가 꺾인 적이 있다.

일본인들은 남과 직접 만나서 대화를 나누거나 인간관계를 하는 것을 꺼린다. 남과 같이 살고 사귀면서 생활하는 "시민의식(citizenship)"은 성립되기 어려울 것이다. 직접적으로 성명을 선언하거나 항의 등을 하지 않는 대신 간접적으로 낙서나 무기명 서신 등으로 차별적인 투고가 많다. 일본인들은 이웃 간에도 써서 전하는 등 간접적으로 소통한다. 남을 미워한 경우 직접 싸우지 않지만 간접적으로 상대의 어린아이를 상해하는 등의 사건이 종종 있다. 이런 어린이를 상해하는 범죄는 거의 그치지 않고 일어난다.

졸음 | 한국식으로 말하면 낯을 가리는 사람이 많다. 멀리서 온 손님과 식사를 하게 되어 다른 손님과 합석을 하게 되었다. 그런데 상대의 두 사람은 이쪽에 대해 신경을 쓰고 부자연스러운 태도를 취하고 있다. 남에 대해서 신경을 쓰면서도 일본인은 남 앞에서 졸기를 잘한다. 학생들도 강의 시간에 조는 학생이 많아서

일본 대학에서는 하나의 큰 문제가 되어 있다. 일본인의 독서량은 많다고 하는 것은 세계적으로는 유명하지만, 최근 차내의 독서의 풍경도 변하고 있다. 휴대폰의 메일과 조는 사람들의 풍경으로 변했다. 미국의 여류 문화인류학자 베네딕트는 일본인의 졸음은 일본인의 "쾌락"이라고 지적했다. 불면증이 많은 나라 사람이 보면 일본인은 차안에서 쉽게 조는 것이 이상하게 여겨질 것이다. 나는 강의 중에 조는 학생에게는 큰 목소리로 주의를 준다.

도쿄東京의 두 대학에서 강의중의 교실을 엿보았다. 조는 학생이 눈에 띄지 않았다. 유학생을 대상으로 삼는 교재 『일본사정』에 일본의 대학을 소개하면서 "조는 것과 결석이 자유롭다"고 씌어져 있다. 많은 교원도 학생처럼 조는 사람이 많다. 졸음은 병이 아니다. 컨트롤이 듣는 습성이다. 유학생들이 일본 학생을 모방하지 않기를 바란다.

나는 환갑을 넘기면서부터 "이제부터는 졸음과 투쟁해야 한다"고 적은 적이 있다. 3일간 아침부터 밤늦도록 회의나 친목회에서는 한 번도 존 적이 없다. 나는 졸음을 억제하는 내 나름대로의 노하우를 학생들에게 설명했다. 그런 내 자신이 그 한계를 느끼게 되었다. 가벼운 졸음에서 깊은 잠으로 그리고 영면을 하게 되는 것일까, 노화현상을 느낀다.

규칙과 규제를 우선한다 | 일본인들은 규칙과 규제를 우선하기 때문에 큰 재난 중에서도 질서를 지키는 좋은 점이 있으나, 개인 스스로의 정의를 실현하려는 의욕, 정의감이 자라기 어려운 것

등의 약점이 있다. 무슨 일을 하려고 하면 안 되는 규정 등을 들어서 설명하는 것이 보통이다. 그러므로 무슨 일을 수행하려면 먼저 규정을 검토하고 미리 설명을 붙이면 좋다. 일본의 어떤 촌장이 큰 지진과 쓰나미로 인해 죽어가는 사람을 목격하고 인명을 구하기 위해서 달려가 중고차를 빌리려고 하자 차고증명서 등의 서류를 요구받고 포기하지 않을 수 없었다는 말을 했다. 규제와 규칙이 심한 일본에서는 임기응변하기 어렵다.

친절 | 신칸센으로 돌아오는 길이다. 오사카大阪역에서 인사사고로 잠시 운행이 중지되었다는 안내 자막이 흘러가고 이어서 차장의 사죄 안내방송이 들렸다. 잠시 후 차장이 나타나서 탈모하고 정성스럽게 설명해 이해를 구한다. 그리고 차장은 전 객차를 돌면서 같은 말을 되풀이 한다. 갈아타기에 지장이 생기지 않도록 정보도 들려준다. 일본의 교통비는 세계적으로 높다고 말해지고 있으나, 이런 친절을 보면 고가라도 납득이 간다.

인권의식 | 나는 일본에서 오래 살면서 민주주의 국가라고 별로 느끼지 못한다. 특히 작은 그룹에서는 거의 민주주의를 느낄 수 없다. 민주 혁명으로 획득한 적이 없는 일본인에 있어서 민주주의는 그냥 수동적인 것에 지나지 않는다. 회의는 거의 의결하는 것 보다 잡담이 되거나 전원합의의 형식, 그것도 사전 교섭 등에 의해 정해지는 것이 보통이다.

인권문제도 마찬가지이다. 일본에서는 이웃집 어린이를 그 부모가 못살게 군다고 고발하여 처벌하는 등 인권의식이 높다. 그러나 국가는 그런 인권의식이 강하다고는 생각되지 않는다. 이웃나라의 인권문제에 대해서는 전혀 언급하지 않는 나라이다. 일본 국가에는 윤리가 없는 것 같다. 개인의 윤리보다도 못한 것이 일본 국가의 윤리라고나 할까.

미국은 때때로 중국의 인권문제 등에 대해서 발언하지만 일본은 일체 발언하지 않는다. 올림픽 성화릴레이 중계에 중국 소수민족들이 항의하는 데모가 함께 전해지고 여러 나라들이 중국의 인권문제를 언급하지만 일본은 중국 인권문제에 입을 다물고 있다. 티베트 문제는 내정을 초월하여 보편적인 인권문제이기 때문에 타국에서도 간섭을 할 수 있다. 이러한 항의 활동이 중국의 민주화나 인권개선에는 도움이 된다고 생각한다.

반일감정 | 동아시아에는 널리 반일감정이 깔려 있다. 특히 일본의 식민지를 겪은 지역에서 "일본인은 정직하고 근면하다"는 말을 자주 듣는다. 에즈라 보겔의 저서인 『Japan as NO. 1』에서 일본은 세계적으로 우수한 나라라고 하였다. 반일감정이 널리 깔려 있는 동아시아에서 일본인에 대한 긍정적 태도가 있는 것은 모순되는 것 같지만 오히려 그것이 자연스러운 것일 것이다.

일본에서도 정치가나 관료의 부정 이야기가 많다. 또 입시 부정이 생겨서 화제가 되고 있다. 교토京都대학 입시에서 인터넷에 의한 부정 사건이 발생한 것이다. 정직한 나라라는 이미지가 다운 되고 있다. 시험 감독 체제로서 방해 전파, 체크 등을 생각할 정도이다. 그런 가운데 정직을 위한 교육의 근본적 개혁을 해야 한다는 주장이 나왔다.

중국의 작가 노신魯迅이 그랬던 것처럼 나도 유학 당초부터 일본인의 정직함에 감동하고, 귀국해서 자국을 비평하면서 일본인의

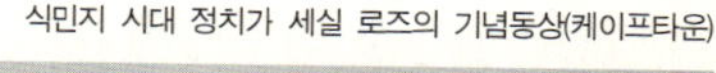

식민지 시대 정치가 세실 로즈의 기념동상(케이프타운)

정직함을 본받아 철저하게 지도하고자 하였다. 나는 우선 대학에서의 컨닝을 철저히 금지하려고 노력했다. 졸업생들은 나의 그런 태도를 기억하고 엄격한 선생이라는 이미지를 가지고 있는 것 같다. 나는 사회 부정을 교육에서 바로 잡자는 심정이었다. 에코 생활도 외쳤다. 가난한 사람의 생활은 "가난뱅이"이지만 그렇지 않은 사람의 절약은 "검소"와 "청렴"이다. 검소한 사람이야말로 사치스러운 정신생활과 문화생활을 할 수 있다.

깨끗한 나라 | 　완도莞島의 어떤 김 공장에서 사장의 허가를 얻어 현장을 영상으로 촬영하려고 할 때, 한 직원이 나타나서 가로막고 강력하게 촬영을 금지하는 것이다. 사장의 면전에서 사장에게 반항하는 동시에 우리들에게 위압적인 태도를 보여 나는 매우 놀랐다. 난처한 표정을 하는 사장에게 그 까닭을 물었다. 사장은 최근 사원들을 데리고 일본에 가서 김 공장을 견학했는데, 그 위생적인 처리 과정이 너무나 깨끗해서 모두 감동했기 때문에 자신들의 공정이 일본에 소개되는 것이 부끄럽기 때문에 촬영을 꺼리는 것이라고 설명하여 주었다. 나는 사장을 체면을 돌보지 않는 사원의 태도보다는 사장의 설명에 납득했다. 일본이 "깨끗한 나라"라는 이미지를 그로부터 들은 것이다.

정말로 깨끗한 나라는 환경과 더불어 마음도 깨끗해야 할 것이다. 일본에서는 관리의 부정이 자주 문제된다. 한국이나 중국의 "탐관貪官"에 대해 일본의 "청관淸官"이라고 여겨졌으나 최근 일본에서 문제가 되고 있다. 조선조 시대의 탐관오리貪官汚吏가 "춘향전

春香傳"의 배경이 된 것이다. 이런 관리의 부패가 왕조를 멸망시키고 결과적으로 일본 식민지를 부른 것이다.

자민당 장기 정권에 의해 정경유착으로 인한 부정이 만연한 것은 구조적으로 당연하다. 일본이야말로 일당지배가 길고, 관료가 부패되어 있다. 접대하고 접대를 받는 것이 인간관계의 기본인데 거기에는 부정不正이 생기기 쉽다. 관료의 접대 문제가 부정으로 몰려 모리야守屋씨가 체포되어 국회 청문을 받았다. 출세하여 높은 지위에 올아 권력을 쥐고 흔들다가 하락하는 비극이었다. 뇌물인지 선물인지 구별하기 어려운 접대 문제로 그의 국방정책에의 실적과 공헌은 아무것도 평가되지 않는다. 사건은 모든 공로나 실적을 묻지 않는다. 출세야 말로 비극의 요소가 크다.

금전관계 | 친한 친구와는 금전관계를 하지 말라는 말을 자주 듣는다. 친구를 금전관계라고 하는 영리를 목적으로 이용해서는 안 된다는 윤리와 같은 것이 있는 것이 아닐까라고 나는 생각한다. 그러나 친구와 협력하지 않으면 누구와 협력하면 좋은 것인가라는 생각도 하게 된다. 좋은 친구관계가 금전관계로 나빠진 이야기도 자주 듣고 있다. 친구도 잃고 돈도 잃는 아주 큰 손해를 본 것이다. 대게 누구나 한번쯤은 경험했으리라 생각된다.

나도 우정으로 협력을 요청한 사람에게 다액인 돈을 사기당한 적이 있다. 그 때 나에게 그것을 보상하여 주려는 다른 사람이 있었다. 그 사람이 바로 이회성 작가이다. 나의 그의 선의에 감동했다. 그래서 나는 당신과 같은 사람을 친구로 둔 것을 감사한다고 하면서 금전의 손해로 당신과 같은 사람을 얻은 기분이라고 대응하자 그가 또 감동했다고 대응했다. 영리보다 보람된 손해도 있다고 느꼈다.

노교수와 방담 | 조선에서 출생한 일본인 유명한 지리학자와 담화를 했다. 그는 당시 패전 직전의 일본의 상황을 이야기하는 중에서 일생 잊을 수 없는 것을 2건을 들었다. 하나는 소학생 시절에 일본인 배속 군사교관의 선생님에게서 부당하게 맞은 것과 그 사람의 이름을 잊지 않는다고 한다. 또 하나는 해방 후 가난하던 시절 배고픈 그 때 소유 불명의 도시락을 먹은 것이 문제가 되었으나 그 때 일본인 담임선생이 크게 문제 삼지 않고 해결해 준 것이다. 그런 기억은 좀처럼 잊혀 지지 않는다.

나에게도 여러 건 있다. 대학을 갓 졸업하고 시골의 고등학교 교사로 부임하였을 때였다. 어느 날 밤 이웃집의 무당굿을 관찰하고 싶어서 양해를 구하고 보고 있는데 바로 간첩혐의로 경찰에 연행되었다. 고교의 교원이라는 신분을 밝혀도 경관들로부터 장시간 심문을 받았다. 그 담당자의 이름 배裵 누구라는 것을 지금도 그 모습까지 분명히 기억하고 있다.

감사와 기도 | 얼마 전에 일어난 동일본 대지진 재해에서는 많은 인명과 재산을 잃었다. 그러나 그들은 국내외로부터 많은 지원을 받고 늘 감사라는 말을 하고 있다. 이런 큰 재난에서는 "기

도(묵도)"와 구원에 "감사"라는 말밖에는 없다. 귀중한 목숨을 여읜 분들에게 위로하지 않으면 안 된다. 그리고 생명에 대해 더욱 깊게 생각해야 할 것이다. 살아남은 사람은 목숨에 감사하고, 시련을 극복하는 것에 최선을 다해야 할 때가 지금이다.

자숙이란 분위기가 일본 사회를 침체하게 만들고 있다. 자숙이란 아무 것도 하지 않고 입을 다물고 있는 것만을 의미하는 것은 아니다. 깊이 회개하고 재기할 때이다.

핵의 위험 | 지금 원자력 발전소의 핵 분출이 문제가 크게 부각되고 있다. 한국에서 유학생 삼십 여 명이 시모노세키下關항에 도착했다. 환영의 현수막을 가지고 나갔는데 전원이 의외로 빨리 하선했다. 승선 손님이 100명도 못 되어서 항구는 한산하다. 최근 광양으로부터의 정기선도 운행이 중지되었다고 한다.

한국이나 중국에서의 손님이 대지진의 영향으로 극단적으로 줄어들어버렸기 때문이다. 그럼에도 불구하고 토아대학의 유학생은 전원 예정대로에 와서 고마웠다. 그들의 짐은 대단히 많아, 마치 이삿짐 같았다. 대형 버스로도 두 번 왕복하지 않으면 안 되었다. 짐의 대부분은 물과 식품이었다. 일본의 물이 오염되어 있다고 한국에서 가져 온 것이다.

걱정한 나머지 학부형 4명도 동행하였다. 나는 부형에 대응했다. 한국에서는 종일 텔레비전이 일본이 비참한 상황이라고 위험성을 방영하고 있다고 한다. 그래서 일본에 들어오는 것마저 두려워하고 있다고 한다. 우리들은 그들을 신속하게 기숙사로 안내하고 해일(쓰나미)에 관한 걱정은 불필요하다고 지도를 보이면서 설명했다. 가까운 쇼핑몰 등을 안내하여 정상적으로 운영되고 있는 것을 보여 주었다. 학생들이 밝은 표정에서 무거운 기분이 사라진 것을 보고 기뻤다.

반일 시대는 지나갔다 | 공항에 마중나온다고하는 것을 만류하고 좌석버스와 일반시외버스를 갈아타면서 경남 진주까지 갔다. 현지조사를 하는 심경이다. 일요일 낮 시간대인데도 버스는 거의 여성으로 만석이었다. 차내에서는 휴대폰으로 통화를 하는 것을 들으니 결혼식에 참가한 사람들이라는 것을 알 수 있다. 이전에 비해서 정각 운행 등은 나아졌지만 운전사가 점퍼를 창문에 걸어서 시야를 차단하고, 운전사의 창문은 거의 블라인드를 내려서 도로 이외에는 보이지 않도록 하고 있는 등 손님에의 배려는 아직 멀었다.

진주의 한국국제대학의 총장과 조찬을 했다. 한국에서 일본문화는 오래 동안 "저급 왜색倭色문화"라고 불리던 긴 세월, 폐쇄기이었지만 김대중 대통령이 개방한 것은 높이 평가되어야 할 것이다. 주로 한국에서의 일본문화의 영향이 화제가 되었다. 총장은 중년 이상의 연령층이 "친

동아대학의 이사장과 부학장과 한국국제대학을 방문

일이라든가 반일이라고 하는 시대는 지났다"라고 말했다. 지금 젊은이들은 일본이라고 하는 이미지보다는 세계적으로 유행하는 국제문화로서 일본문화를 받아들인다는 것이다.

"비밀은 없다" | 나의 침실은 동북으로 향해 있고 벽면 쪽에 있는 창은 전면이 유리로 된 창문이다. 산의 정상이 직선으로 바로 보인다. 그 산은 이전 봉화를 올리던 봉수산이었으며 먼 옛날에는 파수꾼이 내려다보고 연기를 올려서 신호를 보내던 곳이다. 그 산 정상에서 나의 침대를 들여다 볼 수 있다. 나는 항상 "누군가에게 보여진다"라든가 "신이 보고 있다"라는 마음으로 행동하려고 하고 있다.

정부나 기업 그리고 종교에 영향을 미치는 기밀정보를 공개하는 웹 사이트의 위키리크스Wikileaks가 논의되고 있다. 미군의 이라크 전쟁이 민간인 살상의 동영상이나 아프간 분쟁 관련 자료 등이 공개되어서 세계를 놀라게 하고 있다. 비밀문서도 공개되어 당사자에게 피해를 준다.

나는 이러한 인터넷상의 공개를 "정보공유"라고 본다. 그것은 나는 "비밀은 없다"라는 삶의 태도에서 나온다. 정부의 군사 관계의 수준이 되면 국가기밀이다. 그들이 비밀리에 방대한 예산을 사용한다. 그것이 "전쟁이 되는 요소이다." 모두를 선명하게 하면 혼란할 지도 모르지만 평화스럽게 해결된다. 군부의 소수 인원이 정보를 독점하는 것은 위험하다.

위키리크스는 "세계의 모든 지역에서, 정부나 기업에 의해 행하여지고 있는 비윤리적인 행위를 폭로하고 싶다"라고 주장하고 있다. 북한이나 미얀마, 중국 등의 국가기밀도 마구 공개될 지도 모른다. 내부 고발자에 의한 것뿐만 아니라 위키리크스와 같은 것이 세계 곳곳의 정보들을 샅샅이 찾아내어 이를 공유하게 되어 갈 것으로 기대한다. "정보가 새는 것이 아니라 정보를 공개하는 시대로"로, 보다 적극적인 삶의 태도를 가질 필요가 있다.

신풍神風 | 현해탄에서 불어오는 바람, 시모노세키는 바람이 세다. 강풍이 불어서 앞으로 진행하기가 상당히 어렵다. 최근 체중이 늘어났으므로 날려가지는 않겠지 하고 돌진했다. 뒤에 알았지만, 그 강풍에 일본 관동지방에서는 19척의 배가 전복되었다고 한다. 현해탄 바람 때문에 몽고군을 막을 수 있었던 "신풍神風"이란 말이 생각난다. 바람은 자연의 신비성을 느끼게 하는 것이기도 하다. 정치적으로는 "순풍"을 바라는 사람이 많다. 내가 우체국에 들어갔을 때 우연히 아는 사람을 만났다. 그는 나를 대학까지 바래다주었다. 나는 신풍을 만난 셈이다.

중국인 노벨평화상 | 중국인 류샤오보劉曉波씨가 노벨평화상 수상자로 선정되었다. 중국은 이에 반발하고 각양각색의 압력을 가하고 있다. 독자적으로 평화상 "공자평화상"을 갑자기 제정했다. "십 수억의 인구를 가진 중국이야 말로 세계평화에 대해서 발언권이 있다", "인구가 적은 노르웨이가 세계의 사람들의 입장을

대표하기는 어렵다"라고 한다. "소국"인 노르웨이가 "대국"의 중국을 공격하는 폭탄과 같이 생각하고 있다.

"대국"적인 발상이지만 마음은 소국小國이다. 6.25전쟁 때 중국군의 전술을 "인해 전술"이라고 말했다. 무기도 거의 가지고 있지 않은 군대가 대원이 죽어도 어쨌든 전진하라고 외치는 전술을 말한다. 노벨상마저 인해 전술로 안다. "평화상"이 아니라 "불화상不和賞"이다. 중국은 "군자君子"의 정신을 계승하지 못하고 있다. "공자평화상"을 제정할 자격은 없다.

중국의 작가 노신의 『阿Q 정전』을 재독再讀했다. 주인공 阿Q는 작은 마을에서는 괴짜라고 여겨지는 사람이며, 여자에게 프로포즈했던 해프닝으로 직업을 잃고, 그에 대한 소문이 나빠지고, 결국 사형되는 이야기다.

사회주의 중국에서는 오랫동안 "여론"을 중요시해서 "인민재판"을 해 왔다. 그래서 문화혁명 때는 많은 사람이 희생되었다. 즉 많은 사람이 소문이나 여론에 의해, 특히 괴짜와 같은 사람이 고생하고, 죽음을 당했다. 옛날부터 "인심은 천심(하늘의 뜻)"이라고 말하여져서, 지배자는 민심에 귀를 기울였다. 지금의 말로 말하면 여론 조사다. "민심이 천심"이라고 말하는 말의 참된 의미는 조석으로 바뀌는 마음으로 오해해서는 안 된다. 세상의 소문과 같은 여론으로 정치를 좌지우지해서는 혼란을 가져온다.

신앙, 평등, 인권

10
신앙, 평등, 인권

코란 | 이 대학에서 나에게 부과된 과목의 하나가 서아시아 문화다. 이슬람교를 중심으로 강의해 왔지만 이번 학기에는 코란을 강의하고 있다. 전국의 대학에서 코란을 강의하는 곳은 없을 것이다. 학생들도 열심히 청강하고 있다. "자비로운 알라", "만유의 주"의 "복종" 등의 의미를 강의하였다.

복종은 단지 비민주주의적인 것만은 아니다. 개인주의에서 자신이 최고인 개체라고 생각하는 것은 교만이다. 제도에 의해 따르는 것이나, 스스로 신뢰하고 복종하는 것은 노예의 복종과는 본질적으로 다르다. 인간은 유일신을 숭배함으로써 자신의 자아를 형성할 수 있다. 나는 주로 애정과 숭배에 근거해서 따르는 것이 복종이라고 해석하였다. 그런데 문제는 목사들 중에는 자신이 신처럼 신도 위에 군림하는 것이다.

인권 목사 | 인권운동가이며 『자유롭게 산다』의 저자인 후지타藤田씨는 부산釜山에서 태어나 일본인 소학교와 경성중학교 1

히로시마교회에서 한일합동예배에서 설교

학년생, 그리고 육군유년학교陸軍幼年學校에서 군국주의교육을 받았다고 한다. 당시 그는 무사도정신이 투철하여 나라를 위해서 죽는 것을 가장 영광이라고 생각했다고 한다. 패전으로 무사도 정신을 잃어버리고 새로 시작했다. 크리스천이 되어 180도의 사상 전환을 해서 인권목사가 되었다고 증언을 했다. 노구치野口씨는 1944년 함경북도 성진에서 초등학교의 교사로 있다가 종전을 맞이하였다. 소련군이나 조선 보안대에 의한 약탈 등의 상황을 함께 이야기 해 주었다. 그녀도 크리스천이 되어 황국신민의 교육에서 민주주의 교육으로 전환하는 큰 계기를 가지게 되었다고 한다.

교회가 무섭다 | 일본의 기독교회의 기세는 약하다. 게다가 고령화하고 있어 활력을 거의 잃고 있다. 옴진리교 등 사이비 종교사건 등으로 교회에 대한 공포감을 가지고 있는 사람이 많다. 내가 일본인에게 교회 출석을 권유하면 대개 교회는 무섭다고 말

한다. 그러나 크리스마스의 크리스마스 불 빛 장식이나 캐럴 등은 연말 행사로서 성황을 이룬다.

내가 나가는 교회의 우측에 있는 열쇠 전문점은 예쁜 크리스마스 불 빛 장식을 하고 있고, 왼쪽에 있는 국수집은 밝은 네온으로 아름답게 장식하고 있다. 한복판의 교회는 크리스마스 불 빛 장식이나 네온도 없고 어두운 건물에 출입구가 검정색으로 장례 식장처럼 보인다. 스탠드 글래스가 조용히 빛을 내고 있을 뿐이다. 마치 세속 세계와 다르다는 것을 돋보이는 듯 대조적이다. 교회가 십자가를 네온으로 장식하면 세상의 빈축을 살 것이다. 백화점 등은 대형의 크리스마스 불 빛 장식을 아름답게 장식해 연말의 추운 겨울밤을 번쩍번쩍 빛내고 있다.

원래 크리스마스는 예수의 탄생을 기념하는 기독교의 종교적 행사로서 신자들이 축하하는 것이지만 일본에서는 종교적인 의미는 없고 크리스마스 불 빛 장식, 장신구 등만이 난무한다. 상인들의 크리스마스인 것처럼 되어 있다. 이런 장식 등은 문화적인 크리스마스에 지나지 않는다. 사기 · 범죄 · 질투 · 싸움 · 전쟁 · 죽음 · 어둠 등이 넘치고 있는 세태에 믿음 · 희망 · 사랑의 빛과 평화를 타고난 예수그리스도의 탄생을 조금이라도 생각했으면 싶다.

예수가 탄생했다는 것은 이 어두운 세상을 빛으로 밝히겠다는 의미가 있다. 예수의 탄생과 관련되는 크리스마스트리나 촛불을 밝힌 교단에서 나는 크리스마스이브 예배에서 예수가 이 세상에 평화의 메신저로서 온 것을 맞이하기 위하여 마음속의 질투심 · 미움 등을 깨끗이 버리자고 메시지를 가지고 설교를 하였다.

무목교회 | 기독교회에는 목사가 있고 절에는 승려가 있다. 이슬람에는 목사와 같은 존재 없이 신자들의 신앙에 의해 집회가 지켜지고 있어 예배도 성전에 의해 행하여진다. 다만 직장자職長者를 둔다. 그런데 일본에는 무목교회 즉 목사가 없는 교회가 있다. 우치무라간조內村鑑三가 미국인 선교사들의 군림과 파벌 등을 보고 목사는 필요 없다고 생각한 것 같다. 내가 소속하고 있는 교회에서는 몇 년간 목사가 부재인 무목교회의 상태이었다. 신자들이 교회의 열쇠를 가지고 관리하고, 협력해서 교회의 행사 등도 잘 진행된다. 근본적으로 신자들의 신앙에 의해 조직과 집회가 지켜지고 있어, 예배도 성전에 의해 행하여진다. 나는 많은 교회에서 목사가 카리스마적으로 군림하는 것을 보았으므로 이러한 무목無牧도 나쁘지 않다고 생각한다.

나는 일본 교회가 부흥하지 못하는 것은 거의 목회자들의 태도에 있다고 본다.

교회들의 싸움 | 예수가 매장되었다는 무덤 위에 세워진 예루살렘의 성묘교회에서 싸움의 장면을 텔레비전이나 신문의 사진으로 보고되어서 크리스천을 실추시키고 있다. 예루살렘은 유대교, 카톨릭교, 기독교, 이슬람교 등의 성지가 되고 있어, 특히 성지의 초점이 성묘교회이다. 카톨릭교회 · 동방정교회 · 아르메니아 사도교회 · 로마 정교회 · 시리아 정교회 등의 여러 교파들이 공동 관리하고 있다. 교파 간에서 서로 자기들이야말로 그 관리권이 있다고 성지를 독점하려고 해서 싸움이 많지만, 크리스마스가 다가

온 시점에서는 싸움이 더 격해진다.

성직자들의 싸움은 물론 종교전쟁도 있었다. 일본제국주의 시대에는 성전聖戰을 외친 나라다. 지금도 이슬람교에서는 성전 끊임없이 일어나고 있다. 그러나 그것은 종교의 본질이 아니다. 로마정부나 유대인들은 평화를 이 세상에 가져온 예수그리스도를 죽였다. 그것이 세계종교로서 2,000년 이상 평화의 상징이 되고 있는 것이다.

예수는 "적도 사랑하라"고 했다(누가 6장27절~36절). 그것은 단순한 빈정거림이 아니다. 구약 성서에는 없는, 이웃에의 사랑을 심화해서 그가 확립한 윤리이기도 한다. 그는 실행하고 죽음을 당했다. 무수히 많은 적에게 둘러싸여 있는 우리들로서 보면 그것은 대단히 힘든 일일 것이다. 우리들은 많든 적든 간에 적을 가지고 있다. 스포츠에서의 상대와 같은 적에서부터 경쟁 상대 그리고 불구대천(이 세상에 함께 사는 것마저 싫은)의 적에 이르기까지 각양각색이다. 때로는 애인이 적으로 변한다. 적은 자신의 외적인 문제가 아니고, 자기 자신의 삶의 태도 안에 있는 것이다.

북한열사능의 홍명희선생의 묘

문학이나 예술이 주로 감정적인 열애만을 강조한다. 그러나 사랑은 감정뿐만 아니다. 지적인 사랑이 필요하다. 우리들은 자신도 모르게 남에게 상처을 입히거나 상처를 받는다. 거기에는 지금까지의 인간관계를 종합적으로 생각하고 감사해야 할 것이 있고 때로는 싫으면서도 나쁜 감정을 억제해야 한다. 나는 어릴 적에 북한의 초대수상을 역임한 홍명희가 지은 『임꺽정』을 읽은 적이 있다. 아버지가 자신의 아이가 밤에 너무나도 칭얼거리기에 참을 수 없어서 죽인다. 그리고 잠시 후 후회하며 통곡한다. 세상에는 이런 것과 유사한 범죄들이 많다.

크리스마스 캐롤 | 학창시절 영어의 텍스트에서 수업한 크리스마스 캐롤에 대한 이야기를 잊지 않고 있다. 전부는 기억하지 않더라도 스크루지의 수전노적인 인물상을 비판하는 작가 정신은 나의 뇌에 각인되어 있다. 서울대학교에서 열리는 한국문화인류학회에서 발표를 위해 서울로 향하는 여행길에 읽기 위해 이 책을 포켓에 넣고 갔다. 그런데 아주 우연히 유명한 영국의 인류학자 아담 쿠퍼씨가 "크리스마스 캐롤"에 대해서 기조강연을 하는 것이 아닌가. 영어로의 연설이지만 내용을 알고 있는 나로서는 듣기 쉬웠으나 이상야릇한 감정에 빠졌다.

디킨스의 작품에서는 아주 인색한 스크루지가 크리스마스이브에 신비스러운 체험을 하고 개심한다는 내용이다. 즉 디킨스는 스크루지라는 상인, 냉혹 무자비한 에고이스트egoist로 하여금 크리스마스이브에 망령을 만나고, 새로운 인생에 삶의 태도로 바꾸게 되어 따뜻한 마음과 애정 등을 가진 인물로 변하게 된다는 것이다. 우리들은 스크루지와 무엇이 어떻게 다를까? "검소"라는 말로 인색함을 미덕으로 치장하고 있는 것이 아닐까.

감사하는 마음 | 교회는 다른 집단에 비해 훌륭한 우애의 집단이다. 좀 부족한 목사라 하여도 신자들은 그것을 별로 문제 삼지 않고 보충하고, 협력해서 유지해 간다. 나는 교육이나 연구를 위한 모임에서는 듣고 반론하거나 토론하는 것이 보통이지만, 교회의 예배는 기본적으로 일방적으로 듣는 것이다. 대부분은 참는 시간이다. 기독교회에서 아주 자주 듣는 말이 "감사"이다.

예배에서 어떤 여성이 메시지를 전했다. 그녀의 아버지는 맹인이며, 남편도 장애를 가지고 있다. 고생이 대단할 것으로 여겨지는 부정적인 사람이 많을 것이다. 긍정적인 의미로 감사하는 생활태도가 바람직하다. 그러나 그녀는 매일 매일의 생활에서 감사한다고 한다. 생활 속에서 솟아나오는 무지개와 같은 아름다운 말이었다. 그녀의 감사의 마음은 "만족", "포지티브", "평화"의 원동력인 것 같다. 시집살이를 고생이나 고역으로 여기는 사람들이 많다. 아마 노예생활일 것이다. 사랑하는 사람들을 위하여 하는 일이라면 노예처럼 되어도 좋을 것이다. 닦고 쓰는 것이 즐거움이라는 것을 나중에 깨달을 것이다.

부자가 된다는 설교 | 한국의 기독교는 식민지에의 저항, 민주화 운동에 크게 영향을 주었다. 그 때문인지 방방곡곡에 교회가 많이 생겨났다. 한국인이나 미국 거주 한국인 교회에서 "부자가 되라"는 인사나 설교가 유행하고 있다고 한다. 인터넷에서 동영상으로 "부자가 되라"라는 표제의 설교를 들어 보았다. 그 취지는 기독교에 의해 부자 된다는 것이다. 미국에 이주했던 청교도들이

검소한 생활을 해서 부자가 된 것은 인정하지만 기독교 신앙으로 "부자가 되라"는 설교를 듣고 기독교 신앙의 위기감마저 느꼈다.

나는 비싼 외식을 별로 하지 않는다. 나의 급료에서는 사치이기도 하지만, 그것보다는 기본적으로 나는 음식을 절제하려 하기 때문이다. 한국전쟁의 체험으로부터 얻은 자연적인 생활 습관이다. 그러나 기계 등은 무리를 해서라도 좋은 최신의 물건을 소유하려고 한다. 일반적으로 검소하게 절약하는 사람들이 세계여행을 즐기는 사람들이 많다. 검소하기 때문에 할 수 있는 일이 많다.

기부와 헌금 | 한국은 전통적으로 기부와 헌금 문화가 왕성하다. 각종 부조 행위는 중요한 사회활동이기도 한다. 그것은 경제효과를 가지는 것은 사실이지만, 그것보다 중요한 의미는 그 행위가 사랑과 존경의 행위라는 것이다. 부나 지위를 과시하거나 높이자고 하는 것이 아니다. 받는 사람은 감사하는 수밖에 없다. 감사의 마음도 없이 받으려는 것은 거지의 마음이다. 그것은 동냥일 뿐이다. 때로는 분에 넘치는 희사를 하고 받았는데도 마음이 들어 있지 않으면 안 된다. 그러나 상대를 보고 하는 행위가 아니다. 많은 종교단체는 마음의 기부를 마음으로 받지 않고 당연한 것으로만 여기는 경향이 있다. 자선의 세속화라고 할 것이다. 어쨌든 자선 정신, 마음을 잃어서는 안 된다. 이익을 추구하는 영리단체로 볼 때는 희사는 손해 보는 것이며, 부정적이다.

장수하는 사람의 또 하나의 특징은 감사하는 마음이 있다는 것이다. 많은 학생들은 장학금을 받고 있으면서도 금액 이외에 장학금명 등을 모르고, 감사도 느끼지 않는다. 어떤 재단 이사장에게서 들은 이야기이다. 학생들에게 개인적으로 포켓머니를 조금씩 주면 대단히 감사하고, 잊지 않고 은혜라고 생각하지만, 장학금으로서 제도화해서 주면 전혀 감사하지 않는다고 한다. 보이지 않는 존재로부터의 은혜에는 감사할 줄 모른다. 그런 사람은 부모나 선생 등에도 감사하지 않는다. 감사하는 태도는 그 사람 자신의 삶의 태도일 것이다.

흑인대통령 | 나는 미국의 대통령의 선거에 크게 관심을 가졌다. 여성과 흑인의 후보의 대결로 시작되었다. 나는 그것을 정책의 차원을 넘은 대혁명과 같은 사회운동으로 보고 있었다. 결국 흑인 오바마씨가 승리했다.

> "나에게는 꿈이 있다. 예전에는 노예였던 그런 사람들의 자손과, 예전에는 노예와 주인이었던 사람들의 자손이 형제처럼 같은 자리에 앉을 때가 온다고 말한 꿈, 만약 미국이 위대한나라라면 이것이 실현되지 않으면 안 된다"

고 말한 킹 목사의 꿈 "I have a dream"을 이루어 줄 수 있었다.

나는 킹 목사의 연설과 오바마씨의 연설을 오버랩하고 있었다. 1950년대 킹Jr. 목사는 미국의 차별적인 사회구조의 변혁(change)을 호소했다. 그는 "우리들은 크리스트 교도다. 우리들이 손에 가진 유한일 무기는 항의일 뿐이다", "정의가 물처럼, 공정은 강처럼 흘러, 얻을 때까지 싸워 나가자"라고 호소했다.

이런 꿈을 재일동포 동포에게서도 찾고 싶다. 그 꿈은 과거나 조국이 아니고, 미래와 정의의 나라에서 찾게 될 것이다. 미국의 흑인은 노예제나 비참한 이민의 자손인 오바마 대통령의 출현을 본 것이다. 신대륙의 발견, 식민지화, 노예제도, 독립 전쟁의 역사의 흐름에서 링컨 대통령의 노예해방, 흑인차별에 대한 킹 목사의 비폭력저항운동 그리고 흑인의 오바마가 대통령이 된 것이다.

그것은 단지 "흑인"의 승리로서 오해되기 쉽다. 흑인이 백인에게 이겼다고 말하는 의미에서의 승리가 아니다. 흑인 자신과의 싸움의 승리이며, 인종이나 성별을 넘은 미국 국민의 승리일 것이다. 킹 목사는 흑인 스스로의 열등감이 문제라고 했다. 그는 흑인으로서 자신의 의식변화를 호소한 것이다.

보컬 그룹(케이프타운)

취임 연설 | 오바마는 취임 연설 중에 다음과 같은 말을 했다.

> "왜 모든 인종이나 남녀, 어린이들이, 도처에서 축전 때문에 모일 수 있는 것인가? 그리고, 왜 60년 전 식당에서 식사를 함께 할 수 없었던 아버지를 가진 사내가 지금, 가장 신성한 선서를 하기 위해서 여러분들 앞에 설 수 있는 것인가"

오바마씨의 아버지는 차별을 받은 존재, 오바마씨는 그것을 극복한 존재이다. 부자는 단순한 대조가 아니라 아버지에게서 아들에게로의 변화, 미국 사회의 변화를 의미한다.

오바마가 많은 영향을 받은 라이트 목사의 흑인주의적 인종론에 반하는 강연을 했다. 인종의 차이를 초월해야 한다고 하는 내용으로 흑인목사에게 반하는 강연을 한 것이다. 차별은 입장을 바꾸면 없어지는 것이다. 재일동포가 차별된다고 하는 것도, 일본인도 다른 나라에 살면 차별되는 것이다. 젊은이가 노인 차별하는 것은 자신을 차별, 자신을 괴롭히는 것이 된다. 장애인에 대하여도 언제 자신이 장애인이 될 지도 모르는 것을 생각해야 할 것이다. 고령자의 연금의 문제는 젊은 사람의 자신의 문제이기도 하다.

종말론 | "천년왕국"이란 왕국은 천년마다 종말을 맞이하고, 새롭게 왕국이 재건된다고 한다. 『성경』의 「요한 묵시록」에는 종말론이 적혀있다. 종말론은 무서운 위협이지만, 한편 희망의 신앙도 된다. 즉 오래 동안 계속되는 독재자가 망하고 새로운 지배

자가 나타나기를 기대하는 신앙이기도 한다. 지상에서 곤란한 생활을 하는 사람은 저승을 "극락"이라고 믿는 것이 나쁠 것이 없다. 형을 사는 죄수 등은 혼란한 시대를 기대할지 모른다. 흑인은 백인의 지배가 끝나고 흑인이 지배하는 시대가 온다고 하는 종말론에 관심이 많다.

자신이 죽는 것은 우주가 무너지는 것보다 큰 사건으로 느껴진다. 야마구치山口에 큰비가 와서 십 여 명이 사망하였다. 왜 선진국이라고 하는 일본에서 홍수로 사람이 죽는 것일까? 홍수는 인류 역사 이래 대표적인 자연 재해이다. 세계적으로 홍수신화가 널리 분포되어 있다. 홍수에 의해 더러운 속세의 천지가 개벽해서 새롭게 변하는, 세계는 천 년마다 변한다고 한다. "천년왕국"이라는 신앙이 있다. 조선왕조가 500년이 되면 정鄭씨가 나타나고, 정권이 바뀐다고 말하는 『정감록鄭鑑錄』이 당시에는 금서이었다.

일본 No. 1은 "근대"의 산물에 지나지 않는다

오구라小倉紀藏씨의 신간 『하이브리드화하는 일한』이 보내져 왔다. 역사상 중국문화권에서 중국문화가 한반도(朝鮮半島)를 거쳐 일본으로 흘러들어 갔고, 그것이 당연한 것으로 여겨져 왔다. 중국인이나 한국인이 무의식적으로 당연한 것으로 여기지만 일본인에게는 매우 저항감을 가지고 있다.

저자는 긴 역사에서 보면 아시아에서 일본이 넘버원(No. 1)이었던 것은 "근대"의 산물에 지나지 않는다고 한다. 중국이 국내 총생산으로 일본을 제치고 세계 2위로 부상하고, 한국 경제가 약진

해서 "동아시아의 정상화"의 현상이 일어나고 있다고 한다.

국제화시대가 되면 문화가 일정한 방향으로 흘러, 그것으로 상하 관계가 정해지는 것은 아니다. 아시아 신시대, 일본은 이웃나라와 이질적인 타인과 공생, 함께 서로 배우는 새로운 관계를 각오하지 않으면 안 된다고 선언하고 있다.

일과 쉼 | 한국에서 2013년 "조선통신사" 특별전을 위해서 박물관의 담당자들과 일본의 여러 박물관을 돌아보았다. 그 중에서 압도적으로 자료가 많이 소장되고 있는 곳은 오사카大阪의 역사박물관이다. 역사박물관 소장의 "신기수 콜렉션"에는 아주 리얼한 행렬 그림이 나의 시선을 끈다. 많은 행렬도에서 한국인의 특징이 잘 표현되지 않고 일본인처럼 묘사된 것이 많다. 아마 사신의 행렬을 본 다음 기억에 의해 그린 것, 기억의 애매함에 의한 것일지도 모른다고 생각한다.

그 가운데 조선통신사 수행원의 한 사람이 사고하는 모습을 그린 것이 눈에 띄었다. 빗자루를 세워서 턱을 바치고 쉬면서 사고하는 그림이다. 일과 쉼, 그리고 사색을 그린 점에서 오귀스트 로댕(Auguste Rodin)의 "생각하는 사람"에 대조적인 인물상으로 여겨졌다.

금강산金剛山 가극단 | 서울대학교의 이순형 교수 일행을 시모노세키下關항에서 맞이하고, 재일동포 한국인이 많이 밀집해서 살고 있는 그린몰의 상점가를 걸었다. 한국 식품점, 한국 의상점,

금강산 가극단

무용교습소 등의 사람에게 인사를 하면서 안내했다. 그 코스에서 조선회관에 들러 조총련의 위원장과 이야기를 하고, 조선학교를 방문해 교장의 안내로 수업 참관도 했다. 신사神社에서 개최하는 특별 가면 전시도 관람하고, 하관조약의 전시관도 안내했다. 우리 집에서는 내가 북한에서 찍은 영상을 보였다. 밤에는 금강산金剛山 가극단공연을 관람했다.

한국인에게 조총련 관계를 이 정도 보여줄 수 있었던 것은 극히 최근의 일이다. 남북 관계가 긴장한 시대에는 한국인이 조총련의 사람과 만나는 것만으로도 반공법에 위반되는 것이었다. 내가 유학할 당시는 그런 것만으로 귀국하여 잡힌 사람도 있었다. 일본은 이러한 한반도(朝鮮半島)의 긴장 관계를 중화시키는 위치에 있지만, 지금 일본은 북한을 적대시하고 있다. 오히려 중국이 남북관계의 중개의 역할을 다하고 있다.

나의 사생관

정년퇴임 후 | 시들어가는 인생 | 왕소군 이야기 | 자살 | 병원이 장례식장 | 세골장 | 친구의 손자가 태어나다

11
나의 사생관

정년퇴임 후 | 정년퇴임 후에 노후를 즐기는 것으로 취미를 생각하는 사람이 많다. 히로시마廣島 대학을 정년 할 때, 많은 책의 일부를 처리하고 연구는 하지 않는다고 하는 단념하였으나, 달리 할 만한 취미나 소일거리도 없어서인지 나는 연구를 계속하고 있다.

나와 같은 연배의 사람이 방송국을 정년퇴직한 다음 여러 가지 영상관계의 자원봉사 활동을 하고 있다. 그들의 노동력을 이용해서 이익을 보려는 사람도 있다. 봉사하는 사람의 마음을 소중히 여겨야 한다. 이쪽도 자원봉사의 마음으로 응대해야 해서, 실비 등 금전적으로도 보답되게 신경을 써야 할 것이다. 그런데 사람들이 저도 모르게 이해 타산적으로 되고 있다.

오래간만에 만난 몇 명은 대학 정년퇴임 후 취미로서 바둑을 두는 사람, 운동을 하는 사람 등이 대부분이며, 학문을 계속하는 사람은 한 사람도 없었다. 그들에게 있어서 학문은 단지 직업에 지나지 않았다는 것일까?

어떤 사람은 나에게 왜 일을 하는 것인가, 즉 왜 연구와 교육을 계속 하는가 라고 물었다. 나는 이외에 인생을 즐기는 마음과 그

방법은 모르기 때문이라고 대답했다. 그는 나에게 자신에게 보고 배우라고 했다. 그러나 그것은 간단하지 않다. 시간의 여유를 즐기는 것은 쉽지 않다. 그 사람의 인생관 자체이기 때문이다.

해금강에서

나는 항상 시간 여유가 있으면 게으름뱅이가 되지는 않을까, 걱정이 된다. 시간의 여유가 있으면 창의적인 일을 하는 사람이 있는가 하면 게으름뱅이가 되는 사람도 있다. 성경에는 일을 하지 않는 사람은 먹을 자격이 없다고 한다.

시들어가는 인생 | 정년 후는 일에서 벗어나 유유하게 즐기는 것이 이상적인 노후생활이라고 말해지고 있다. 즉 생활 패턴이나 리듬을 일에서 노는 것으로 바꾸어서 사는 것을 말한다. 어떤 사람은 취미나 휴양 생활을 하고 있다. 또 어떤 이는 정년 후에도 정년까지의 일을 더욱 심화시켜서 사는 사람도 있다. 과거의 경험에 근거해서 적극적으로 일을 한다. 정년 할 때까지의 일은 나에게 "기초"와 같은 느낌이 든다. 그 기초의 수준으로 일을 그만두는 것은 아깝다.

"시들어가는 갈대"라는 일본의 유행가가 있다. 시들어가는 인생을 상징하는 것 같은 가사이다. 세월이 많이 흘렀다. 나도 시들어가는 인생이다. 왕성한 욕망으로 살아 왔는데 어느새 시들어가고 있다. 요전에 내가 탄 비행기가 매우 흔들렸을 때, 자신의 인생도 이쯤에서 끝난다고 가볍게 생각했다. 그렇게 생각하니 두려움이 없어진다.

죽음이 더욱 신변에 느끼게 되는 때가 많아질 것이다. 그 때마다 "이쯤에서"라는 마음으로 죽음을 받아들이는 준비를 해야 할 것이다. 일본의 복싱챔피언 나이토內藤大助가 중국인 선수와의 방어전에서 더티한 게임으로 신승했다. 왕좌를 지키는 것도 어렵지만, 왕좌를 양보하는 것은 더 어렵다. 그의 어머니의 말이다. "보는 것도 힘들다", "이쯤에서 은퇴하는 것이 좋을 것 같다."

많은 독재자는 비참하게 죽는다. 그런데 김일성과 같이 해피엔딩으로 훼이드아웃 되는 사람도 많다. 박정희 대통령의 죽음은 비참했어도 최고위의 자리에서 암살된 것으로 해피엔딩에 가깝다. 비극이 되기 위해서는 원한이 강조되지 않으면 안 된다. 한국 인기 드라마는 거의 비극성이 없다. 거의 해피엔딩으로 막을 내리기 때문이다. 사람들은 비극보다 해피엔딩을 바랄 것이다.

반년 이상 즐겁게 본 한국의 드라마가 끝났다. 그 드라마 말미 최후의 2회는 급전되어 심술궂은 사람이나 악인이 모두 선인이 되고, "그 1년 후"한 자막과 더불어 행복한 가족이 급조되어 해피엔딩으로 끝났다. "겨울연가"도 몇 년 후를 설정해 좋은 가족관계가 되고, 연인이 재회하는 것 같은 무리한 설정을 하고 있다. 문학에 조금이라도 지식이 있으면 이러한 무리한 해피엔딩이 졸작인 것은 알 것이다. 마지막 2회를 제외하면 좋은 드라마이었다. 인생도 어느 시점으로 끝낼지에 의해 희극에도 비극도 된다.

왕소군 이야기 | 나에게 사생관은 무엇일까. 대학 시절 한문 선생에게서 들은 왕소군의 전설을 상기한다. 원나라 황제의 후궁이었던 그녀는 외아들을 낳았다. 절세미녀이었지만 궁정의 화공들은 그녀가 뇌물을 주지 않았다고 못난 여자로 그려 그녀는 한탄하다가 죽었다. 이것이 비극의 주제가 되었다.

그녀의 외아들은 버릇없이 굴었다. 부처님에게 오줌을 누어 모욕했다. 그의 아버지 왕은 그 아들에게 일 년 간 유예를 주고 사치스러운 생활을 허용했으나 그 아들은 죽을 것을 고민한 나머지 여위어 갔다. 바짝 마른 아들을 보고 아버지는 놀란다. 죽음을 앞에 둔 우리들에게도 큰 메시지를 주는 이야기이다.

자살 | 고령자의 자살을 다룬 연구 발표를 들었다. 죽음을 개인이 처리하려는 것은 개인의 자유일지도 모른다. 그런데 정부는 "죽어서는 안 된다"는 정책을 편다. 거기에는 중요한 생명윤리가 포함되어 있다. 자신이 원하여 태어난 것은 아니므로 "목숨"은 개인이 처리해야 할 것이 아니다.

유교에서는 목숨은 부모의 분신이며, 선조 대대의 대를 잇는 혈통의 끈이며 자를 수 없다고 한다. 기독교에서는 목숨은 신의 것이고, 개인의 것이 아니다. 특히 기독교 사회에서는 자살은 타살 이상

일본 동북지방 오소레산의 저승바다

으로 사회적 사건이다. 이는 보편적 면으로부터 말하면 자살 행위는 인간의 목숨을 가볍게 다루는 풍조를 만드는 범죄 행위이다.

병원이 장례식장 | 뇌사 이식이 행해지고 있다. 중요한 문제점이 있다. 우선 뇌사한 신체는 단순한 물건인가 그 이상의 존재인가를 생각하지 않으면 안 된다. 죽음의 존엄을 어떻게 하는 것인가? 사체는 "물체"라는 인식은 어떤 것일까? 또 뇌사라고 하는 부분, 죽음을 가지고 완전한 죽음이라고 인정해도 장기 이식은 물체라고 하는 인식이 아니면 할 수 있는 것이 아니다. 뇌사가 완전 죽음이 아니라면 생체 이식이 될 것이다. 정말 생체이식으로서 신장 등은 제공, 수수收受하는 것은 의료 행위로서 인정하고 있지만,

뇌사가 죽음이라면 죽음의 존엄, 그것이 산목숨이라고 생각하면 신체의 존엄 등에 영향을 미칠 것이다.

병원에서 죽고 거기서 장례식을 하는 것이 한국에서는 보통이다. 병원에서 장례식을 거행하는 것은 생명윤리에 저촉된다. 그런데 종교인이 생명이나 죽음을 윤리의 문제로서 삼지 않는 것은 무엇 때문일까? 한국에는 크리스천은 많아도 기독교의 윤리가 충분히 정착되어 있지 않다고 한다.

과학적 합리적으로 생각하면 "죽음"으로 생명은 끝나고, 사체는 "물건"이 된다. 잔학한 살인과 사체해체가 빈번하게 일어나는 이 세상에서는 사체는 쓰레기처럼 되는 느낌이 있다. 죽음을 어떻게 받아들이고 있을까.

세골장 | 1975년 오키나와 미야코지마에서 찍은 세골장의 사진을 오키나와沖縄대학에서 처음으로 공개했다. 내가 유학시절에 힘들게 허가를 받고 찍은 것이다. 그런데 나의 발표에 그 섬의 학자가 나의 사진에 대해서 문제를 삼았다. 그는 그런 장면을

오키나와의 세골장

서해 위도의 초분

실제로 보았으나 사자의 인격을 생각해서 찍지 않았다고 하는 것이다. 카메라의 폭력이라든가, 왜 외부의 사람이 오키나와沖縄를 찍는가라는 등. 물론 토론자들 그리고 청중 사이에서 격론이 일었다. 결국 마이크가 나에게 돌아 왔다. 나는 "사자의 인격"도 존중하면서 연구를 할 필요를 강조하였다.

친구의 손자가 태어나다 | 삼년 전에 세상을 뜬 친구의 묘를 찾았다. 중학생시절부터의 친구이며, 한국전쟁 후 곤란한 시대에 함께, 고학도 하거나, 서로 돕거나, 했으므로 가족과 같은 친구이다. 그가 위독하다는 전화를 받고 당일 첫 비행기로 가서, 서울의 병원에서 최후의 대면을 했다. 그 후 일본으로 돌아온 다음 세상

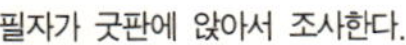
필자가 굿판에 앉아서 조사한다.

을 떴다는 연락을 받았으나 장례식에 참가할 의욕까지 잃었다.

그 후 나는 서울에 가고 싶은 마음이 거의 사라졌다.

그의 부인의 운전으로 하루거리 성묘를 했다. 나는 차 안과 무덤 앞에서 그에 대한 생각으로 눈물을 흘렸다. 그 때 그의 첫 손자가 태어났다고 하는 전화가 걸려 왔다.

일본에 돌아와서 그의 첫 손자에게 무엇인가를 선물하자고 생각하고 백화점의 어린이용품을 돌아보았다. 어린아이의 옷이 비싸다는 것을 처음으로 알았다. 왜 비쌀까? 아마 어린이나 손자를 귀여워하고 있는 애정이 부가되어 있는 것이기 때문일 것이다. 그와의 친구관계는 값을 넘어서 아직 계속될 것이다.

끝마무리 ●

동아시아 여러 지역을 다니면서 조사한 여행기를 낸 적이 있다. 그런데 거기서는 자신의 감정이나 생각을 의도적으로 억제하였다. 왜냐하면 문화인류학을 전공하는 사람으로서 현지를 객관적으로 파악하고 사실대로 기술하고, 독자로 하여금 느끼고 생각하기를 기대하였기 때문이다. 그런데 어떤 독자로부터 글을 읽으면 〈감정이 없는 사람〉처럼 느껴진다는 말을 들었다. 그래서 이번에는 매우 주관적이고 때로는 지나치게 감정적인 생각과 느낌을 적었다. 아마 편견이라고 지적될 지도 모른다.

독서를 좋아하여 문학을 지망하고 국문학과에 들어갔다. 작품을 읽고 평가하는 평론가가 되고자 하였다. 당시 문학 평론가가 되려면 심리학을 공부하여야 한다는 말을 수긍하고 국문과 교육과정 외에 교육심리학 강의를 듣게 되었다. 윤태림 선생님의 청년심리 등과 임석재 선생님의 문화인류학 강의를 들으면서 서서히 문화인류학에 관심을 갖게 되었다.

그리고 임석재 선생님의 문화인류학 등의 강의를 들었다. 이두현 선생님의 민속학과 임석재 선생님의 문화인류학 강의를 토대로 연구를 진행하였다. 초기 한국문화인류학회에 적극적으로 참가하였다. 후에 일본 유학을 하여 민속학과 문화인류학을 심화하고 사회인류학으로 박사학위를 수여 받았다.

청운의 뜻을 품고 고향을 등지고 서울로 전학해서 국민학교, 중

윤태림 경남대학교 총장이 나의 첫 저서 출판기념회에서 축사를 한다.

학교, 고등학교, 그리고 대학과 대학원 등에서 많은 사제師弟 관계와 친구를 얻었다. 나는 대학에서의 강의를 통해 좋은 스승들을 많이 만났다. 그런 사제관계도 중요했지만, 나에게 그보다 중요한 것은 존경과 사랑의 사제 관계이었다. 친구 관계도 그렇게 했으나, 개중個中에는 소원하고 오해된 사람도 많다.

나는 한국과 일본으로 생활 무대를 바꾸어 가면서 변신해 갔다. 결코 순탄한 인생이라고는 할 수 없다. 한일관계가 나쁜 기간은 매우 길었다. 나에게는 큰 고충이었다. 계명대학교 일본학과 교수 및 일본문화연구소 소장 등의 나의 본분은 사회적 반일 감정과 대치된 시대에 나는 매우 어려운 시대였다. 그래도 교단을 떠나지 않고 바른 교육을 하고자 노력하였다.

일본어로 쓴 글이 나중에 이상한 친일이란 소문과 더불어 인신공격이나 비난을 받은 것은 아주 가슴 아픈 일이다. 그것은 나의 인생과는 너무나 다른 것이었다. 그야말로 나의 한恨이었다.

한국어 강좌를 만들어 한국인을 교수로 채용하고 한국문화를 일본에 소개하고 강의와 강연 등을 하였고 저술 활동을 한 것이 한국에서는 이상한 변질자로 보인 모양이다. 수많은 일본인들을 한국으로 안내하고 큰 학회를 한국에서 개최하는 등 노력한 것과는 아주 다른, "제 것 주고 뺨맞는 식"이었다.

그것은 세속적인 것에 불과하다. 그러나 더 많은 사랑의 동반자들의 지지를 받았다. 나의 옆에는 조언과 번역 등에 이르는 많은 것을 도와주는 아내 사치코가 있고, 많은 독자들이 있었다. 나는 다른 훌륭한 신념이 있는 것은 아니지만 객관적인 태도는 어느 시대에도 불변한다고 하는 진실만을 믿어왔다. 〈겨울연가〉를 계기로 한일관계가 좋아지고 한류와 국제화가 급진하면서 한일관계는 새로운 희망을 가져다주었다.

나는 국가의 테두리 안에서 살기는 하지만 국가를 등지고 사는 것은 아니다. 이 책을 통해서 독자들이 내가 평범한 자유인이라는 것을 이해해 주기를 바라면서 이 책의 마무리를 대신하고자 한다.

이두현 선생 저작집 편찬 모임(왼쪽에서부터 최석영, 홍종화, 저자, 이두현, 이미원, 최래옥)